TESOROS *de* ROS

INTIMIDAD

TESOROS de INTIMIDAD

DAVID HORMACHEA

CARIBE-BETANIA

Una División de Thomas Nelson Publishers
The Spanish Division of Thomas Nelson Publishers
Since 1798 — desde 1798
www.caribebetania.com

Caribe-Betania Editores es un sello de Editorial Caribe, Inc.

© **2005 Editorial Caribe, Inc.**
Una subsidiaria de Thomas Nelson, Inc.
Nashville, TN, E.U.A.
www.caribebetania.com

A menos que se señale lo contrario, todas las citas
bíblicas son tomadas de la Versión Reina-Valera 1960
© 1960 Sociedades Bíblicas Unidas en América Latina.
Usadas con permiso.

ISBN: 0-88113-829-0

Diseño interior: *Grupo Nivel Uno, Inc.*

Impreso en E.U.A.
Printed in the U.S.A.

CONTENIDO

AGRADECIMIENTOS

Gracias a mi asistente Elizabeth Ortega quien tiene pasión por Dios y compasión por las familias. Me anima su gran demostración de dedicación ejemplar. Gracias por tantas horas dedicadas a su misión. Elizabeth ha demostrado que escribir mis largos dictados para ayudar a tantas personas, no es un trabajo, sino su misión.

Elizabeth, eres una gran imitadora de tu Maestro que vino a servir, y un ejemplo extraordinario de dedicación sin esperar retribución.

Gracias a mi querido amigo Sam Rodriguez de Caribe-Betania Editores por darme la oportunidad de bendecir a nuestro pueblo con los pensamientos que nacen de mi corazón y se basan en los maravillosos principios bíblicos.

Gracias a los directivos de Caribe-Betania por creer en los escritores hispanos y darnos la oportunidad de publicar nuestros escritos, que nacen del corazón y las vivencias de los hispanos y para los hispanos.

Gracias a todos mis amigos hispanos que deciden no solo adquirir estos libros y aprender, sino que también compran o regalan otros ejemplares para ministrar a quienes tienen necesidad.

DEDICATORIA

Dedicado a las miles de mujeres que han confiado en mí y han compartido su confusión y dolor por la forma inadecuada en que se ha desarrollado la vida íntima en su relación conyugal. Sus cartas enviadas por medio de correo convencional o por correo electrónico, sus llamadas telefónicas, sus consultas después de escuchar alguna de mis conferencias y las sesiones de asesoramiento, son testigos silenciosos del inmenso dolor que ustedes guardan en su corazón.

Dedico mi libro a quienes decidieron salir de las tinieblas de la falta de conocimiento a la maravillosa luz de la sabiduría. Lo dedico a quienes por ignorancia, por haber aprendido conceptos erróneos o por el abuso de sus cónyuges, han sufrido innecesariamente y por ello no tienen intimidad, evitan las relaciones sexuales, fingen satisfacción o solo unen sus cuerpos teniendo sexo en la vida matrimonial, pero no han aprendido a tener intimidad integral.

A quienes han buscado nuestro asesoramiento y han abierto sus corazones para revelar que están teniendo relaciones sexuales que no son saludables, como producto de su escaso conocimiento de sí mismos y de sus cónyuges. A quienes han comunicado su dolor por no tener intimidad integral pues su fundamento no era bíblico, ni su actitud era la correcta. Gracias por permitirme conocer su dolor, sus limitaciones, sus errores y así ayudarme a dar consejos bíblicos y sinceros que han producido sanidad en muchas personas y les han permitido descubrir los tesoros maravillosos de la intimidad al estilo divino.

PREFACIO

Este libro tiene un gran complemento. Se trata de mi libro *Sexualidad con propósito*. En él trato de comunicar una de las verdades que revolucionó mi vida. El día que aprendí a vivir conforme al propósito para el que fui diseñado, toda mi vida cambió. Quien escribe es un hombre feliz. No tengo todo lo que quisiera, pero Dios me ha dado todo lo que necesito para cumplir la razón de mi existencia. Y desde hace algunos años estoy haciendo lo que Dios diseñó que yo haga. La felicidad la encuentra quien hace en este mundo lo que el Creador de este mundo determinó que haga.

Cuando descubrí el propósito de mi vida, descubrí que todo lo que Dios hace tiene un propósito y que todo lo que hacemos fuera de su propósito, conforme a nuestra voluntad o imaginación, nos lleva a vivir una vida de gran frustración. Dios diseñó la sexualidad con propósito y todo el que tenga relaciones sexuales con excelentes intenciones, pero sin las debidas convicciones, está preparando su vida para frustraciones muy serias. Sin comprender cuál es el propósito de la sexualidad, usted no podrá entender las razones que existen detrás de los tesoros, que al ser descubiertos, nos conducen a la intimidad. Le animo a guardar como grandes tesoros los libros titulados: *Sexualidad con Propósito* y *Tesoros de Intimidad*. Usted no solo obtendrá conocimiento y sabiduría, sino que además, podrá compartir con otros estas revelaciones, convirtiéndose así en un instrumento de sanidad para personas heridas.

Mi propia práctica saludable, así como la extraordinaria revelación bíblica, me han convencido que la experiencia sexual es una experiencia única y encantadora. Es estimulante y apasionante. La ignorancia que mantuve por algunos años me confirmó que a pesar de las buenas intenciones, nadie puede hacer lo que no conoce.

La intimidad integral es fabulosa. No solo se disfruta, sino que es buena y necesaria. Mi anhelo es que esto sea una realidad en su relación matrimonial. Mi interés al escribir para usted es brindarle información preventiva, y no solamente curativa, de los males de la vida conyugal. Intento que los jóvenes o las parejas recién casadas tengan acceso a información importante con el fin de prevenir conflictos innecesarios. Muchas parejas han pasado o están pasando por gran dolor en su relación conyugal, por la falta de preparación en el área de la intimidad y por falta de acuerdos bíblicos que les guíen a una práctica saludable de la intimidad en forma física, emocional y espiritual.

Les sugiero con ahínco que lean *Sexualidad con Propósito* y *Tesoros de Intimidad* como pareja y vayan conversando a medida que avanzan en su lectura. Hagan este recorrido con una hermosa actitud y llenos de amor y comprensión. Recuerde que su intención y motivación con esta lectura no debe ser discutir, molestarse ni alejarse; sino dialogar, comprenderse y acercarse. Si al final de su lectura usted ha comprendido que en su relación conyugal no deben existir relaciones sexuales de cuerpo junto sino de corazones íntimos, entonces, entendió mi mensaje. Si ambos comprenden que la satisfacción en la intimidad física es el producto de tener una buena intimidad espiritual y emocional con su pareja, entonces, no solo entendieron mi consejo, sino también la intención divina revelada en las Sagradas Escrituras.

Únanse con gran amor y respeto en esta maravillosa aventura que les ayudará a encontrar los más hermosos tesoros. Esto, a su vez, les permitirá tener una intimidad tal como fue la intención divina.

Inicien este viaje con un profundo deseo de agradar a Dios y respeto por la vida espiritual, emocional y física de la persona que aman. Este viaje les proveerá de los elementos esenciales para tener relaciones sexuales que exaltan la dignidad humana, producen gran satisfacción y honran al Creador de una de las experiencias humanas más íntimas y hermosas.

CAPÍTULO PRIMERO

RAZONES PARA DESCUBRIR LOS TESOROS MARAVILLOSOS

RAZONES PARA DESCUBRIR LOS TESOROS MARAVILLOSOS

«El propósito en descubrir los maravillosos tesoros de la vida íntima no es encontrar las cosas que nos agradan, sino entender lo que le agrada a Dios el Creador de la intimidad y adquirir el extraordinario conocimiento que resulta de una sabia investigación y que es imprescindible para tener una íntima relación».

He notado que algunos libros sobre la vida sexual tienen como propósito ofrecer técnicas para desarrollar las relaciones sexuales. Creo que estas son necesarias, pero también creo que aun conociendo todas las técnicas, los cónyuges no siempre tienen verdadera intimidad. Podemos conocer el cuerpo de nuestro cónyuge y disfrutar de sus senos y partes íntimas, pero no ser íntimos. La intimidad entre los cónyuges no es el resultado natural del encuentro entre un hombre y una mujer. Para poder ser verdaderamente íntimos debemos convertirnos no solo en buscadores de los tesoros extraordinarios que están ocultos en la vida de un hombre y una mujer, sino en exploradores de los sentimientos más íntimos de nuestro cónyuge.

Robert Ballard odia que lo comparen con un «buscador de tesoros». El descubridor del Titanic prefiere que los describan como un «explorador del mar». Me pareció increíble su historia

pues si hay alguien que ha acumulado conocimiento subacuáti-
co, ese es Ballard. A sus cincuenta y siete años, este hombre
oriundo de Wichita, Kansas, ha dedicado gran parte de su vida a
la búsqueda de naufragios y vaya que ha tenido éxito en su labor
única e interesante. Además del colosal trasatlántico —que se
hundió en 1912 y fue encontrado en 1985— Ballard tiene en su
haber el hallazgo del buque de guerra alemán Bismarck.
Además, encontró el portaaviones norteamericano Yorktown y
en junio pasado, descubrió dos barcos fenicios que se hundieron
en el 750 a. C. frente a las costas de Israel. Estos han sido los
naufragios más antiguos encontrados a gran profundidad.

Mientras intentaba aprender algo sobre la búsqueda de
tesoros, quedé sorprendido por una declaración de este gran
explorador. Me alegré porque me entregó una declaración que
ilustra el propósito que tengo al escribir este libro. El señor
Robert Ballard asegura que el mayor tesoro que ha descubierto
no son los valores encontrados, sino el conocimiento que ha
adquirido cuando ha estudiado la realidad de los barcos hundi-
dos. Sorprendente. El mayor tesoro para un buscador de tesoros no es el barco que encuentra ni el valor económico de lo
que ha descubierto. El tesoro más grande es el profundo conocimiento que va adquiriendo mientras va realizando con esfuerzo la investigación.

Esta declaración me enseñó una gran lección que encajaba
perfectamente con mi intención de escribir este libro. Mi mayor
deseo es que usted entienda que hay tesoros maravillosos que
nos permiten tener una intimidad saludable. Déjeme comuni-
carle una gran verdad. Los mayores tesoros que encontramos en
la vida sexual no son los senos, la suavidad de las piernas, las
caricias que damos y recibimos. El mayor tesoro no es la satisfacción corporal, sino el amor y la cercanía íntima con la persona que amamos. Lo que tiene valor no es el sexo en sí mismo.
Lo que tiene mayor valor es la intimidad que podemos disfrutar mediante la práctica de relaciones sexuales saludables. El
mayor tesoro es el conocimiento que vamos adquiriendo mientras buscamos esos tesoros. Para poder encontrarlos, tenemos

que buscarlos, investigar, y así conoceremos más a nuestro cónyuge. Conoceremos lo que le agrada, lo que le gusta, lo que le satisface, lo que le duele, lo que le molesta, lo que le hace sentir abusada y lo que le hace sentir amada. El mayor tesoro es adquirir el conocimiento sobre la intimidad de nuestro cónyuge. Ese es el conocimiento que nos permite hacer lo correcto para satisfacer al cónyuge que amamos.

DIOS TIENE LA VERDAD SOBRE LA INTIMIDAD

La verdad sobre la intimidad no la tenemos los seres humanos. Nosotros somos enceguecidos por nuestras pasiones. Quienes vivimos sometidos a los más altos principios morales, podemos luchar por controlar nuestras pasiones. Sin embargo, no siempre tenemos éxito a pesar de nuestras buenas intenciones. Nuestro problema es que a pesar de que tememos a Dios, también tenemos una naturaleza pecaminosa que nos presiona. Por ello, para aprender la verdad sobre una intimidad saludable, debemos buscar conocer la verdad que se revela en la Biblia, que es la palabra de Dios.

Cuando no conocemos a nuestro cónyuge, cuando intentamos ser íntimos sin conocer a la persona que amamos, corremos el riesgo de no ser íntimos. Cuando no comprendemos la verdad sobre lo que Dios espera que ocurra en la vida sexual, cuando no conocemos cómo Dios diseñó a nuestro cónyuge, corremos el riesgo de deslizarnos al mundo de las pasiones sin control. Cuando comprendemos que hay tesoros maravillosos que deben ser descubiertos y disfrutados, y que para hacerlo es imprescindible seguir las instrucciones divinas sin deslizarnos; entonces, y solo entonces, estamos preparados para disfrutar nuestra cercanía e intimidad. Para lograr esto necesitamos mucha dedicación y diligencia, así como la fuerte determinación de no sucumbir ante la presión de una sociedad sin Dios. Una sociedad que no tiene interés en tomar en cuenta los principios morales divinos para contrarrestar la variedad de las pasiones humanas.

Como intérprete de las Sagradas Escrituras tengo una gran misión. Debo investigar profundamente el pensamiento revelado de Dios para orientar a quienes anhelan cumplir el propósito divino en la vida sexual. Todos corremos el riesgo de deslizarnos de los principios divinos para nuestra vida íntima, si no comprendemos lo que Dios demanda y si no buscamos con diligencia cumplir las demandas divinas.

La obediencia evita el desvío

Es muy fácil vivir basándonos en nuestras emociones en lugar de en las más altas convicciones morales. Aun cuando hemos elegido vivir siguiendo el consejo divino, es fácil desviarse y sufrir las consecuencias. Por ello, en la Biblia, en el libro de Hebreos, el escritor nos hace una excelente advertencia sobre el peligro de desviarnos de los principios divinos que nos permiten tener una vida saludable. Note lo que dice: *«Por tanto, es necesario que con más diligencia atendamos a las cosas que hemos oído, no sea que nos deslicemos»* (Hebreos 2.1).

El mandato del escritor de esta carta es que debemos atender, prestar oído, dar importancia, a los principios bíblicos que hemos oído y de los cuales se nos ha dado una instrucción clara para que los apliquemos en todas las áreas de nuestra vida. El problema lo tienen los que no han oído lo que Dios demanda. Aquellos que no han recibido la correcta información sobre la vida sexual quedan a expensas de su humana y falible imaginación. En mi recorrido por América Latina y al escuchar testimonios después de mis conferencias, me doy cuenta que muchos cristianos desconocen las instrucciones divinas sobre nuestra práctica sexual. Muchos no han oído instrucciones bíblicas profundas, sinceras y prácticas sobre la vida sexual. Por ello, decidí escribir este libro. He investigado profundamente la Biblia para entender el deseo divino. Después de convencerme de la intención divina con respecto a la intimidad conyugal, decidí darla a conocer. Para que basados en ese conocimiento bíblico y práctico, mis lectores actúen con diligencia y tengan una práctica sexual con excelencia.

Para descubrir los tesoros de la intimidad es esencial descubrir los tesoros de verdad que se encuentran en la Biblia. Descubrir los tesoros que están en la revelación bíblica debería ser la meta de todo cristiano. No se puede vivir en la verdad sin conocerla. No podemos ni siquiera intentar vivir conforme al propósito divino sin conocer la revelación de su propósito general y para la vida personal. Cuando comprendemos la razón que tuvo Dios para diseñar la intimidad entre un hombre y una mujer, recién estamos capacitados para elegir ser íntimos.

«Mi intención es dar a conocer el consejo divino con respecto a su intimidad, para que basado en ese conocimiento bíblico y práctico, pueda actuar con diligencia y desarrollar su vida sexual con excelencia».

Para conocer la voluntad divina para nuestra vida debemos investigar su revelación. En la Biblia está revelada la voluntad de Dios. Aunque de ninguna manera nos da todos los detalles de nuestro caminar por la vida, sí podemos encontrar en ella toda la revelación que el sabio Dios consideró imprescindible para que le conozcamos y podamos recibir la salvación gratuita que Él entrega. En la Biblia encontramos todo lo necesario para que podamos vivir en paz, con sabiduría y prudencia. Y como resultado, obtengamos una vida saludable y comprometida con la excelencia. No hay nada que agregarle ni quitarle a la revelación bíblica. En ella hay mandamientos, principios, preceptos, biografías, ilustraciones, historias, reprensiones, acciones humanas, acciones divinas, etc. Todo fue escrito para nuestra enseñanza. Dios no llenó la Biblia con palabras solo por llenar espacios. Esas palabras son maravillosas palabras de instrucción. Todos los relatos, historias, doctrinas y mandamientos nos fueron dejados para que aprendamos a evitar lo malo y decidamos no imitar los actos de rebelión y desobediencia que a otros trajeron severas consecuencias. Esos ejemplos, mandatos y enseñanzas fueron preservados con el propósito que imitemos lo bueno y los actos de sumisión y obediencia que llevó a los fieles a vivir una vida de excelencia. No existe nada más maravilloso que conocer a Dios, conocer de Dios, conocer lo que Él demanda y obedecer sus principios.

Aprender y conocer más de Dios, y conocer más de su Palabra es esencial pues esto le da sustancia a mi fe. Aquellos que no conocen la verdad dependen de sus emociones, sentimientos, o de las palabras de otros, o de otro libro. No dependen de la revelación de las Escrituras, sino de agregados de hombres o de alguna esperanza vacía. Quienes no conocen a Dios y su Palabra no tienen sustancia en su fe. Y esto se revela especialmente cuando están bajo ataque o cuando viene el tiempo de prueba. Su débil fe se destruye cuando reciben la presión de un sistema mundano que enfatiza en el hombre y sus pasiones humanas, y no en Dios y la necesidad del hombre de tener convicciones bíblicas. Yo sé lo que Dios ha dicho y si el cimiento de mi vida está bajo serias presiones, no cedo ni reniego mi fe. Mi conocimiento de la verdad me ha traído estabilidad en aquellos tiempos cuando la prueba viene. Mi búsqueda de conocimiento de la verdad bíblica me ha ayudado a aprender a tener una intimidad saludable y al estilo bíblico pues el conocimiento de Dios y su Palabra nos equipa para detectar y para confrontar los errores.

> *«La revelación de la voluntad divina en las Escrituras contiene tesoros maravillosos dejados por Dios, para que al encontrarlos y utilizarlos, evitemos lo malo y los actos de desobediencia que a otros les produjeron severas consecuencias, y para que imitemos lo bueno y los actos de obediencia que permitieron a los fieles vivir una vida con propósito y gran eficiencia».*

Nadie conoce toda la verdad, pero habemos quienes vivimos queriendo conocerla pues solo así podemos vivir conforme a lo que Dios demanda. Todavía tengo abismos de cosas que ignoro y de las cuales a veces me avergüenzo. Pero aquel conocimiento que he ganado, aquel reservorio de verdad, me permite detectar y sintonizar las tendencias de otras personas, y lo vacío y destructivo de la filosofía mundana. Cuando buscamos estos tesoros de la revelación bíblica y actuamos basados en ellos, no solo viviremos vidas puras y en santidad, sino, además, nuestra relación conyugal será saludable. Muéstreme una persona que tiene serios conflictos en su vida conyugal, en su intimidad y que tambalea en la vida cristiana y en su fe, y yo le mostraré una persona que no está aprendiendo de las Escrituras. Esa persona no está conociendo a Dios y no sabe cómo aplicar las Escrituras. El proceso de aprendizaje de alguna manera ha sido interrumpido.

Conocer la Biblia me da confianza en mi caminar. Puedo vivir confiando en Dios pues el conocimiento de Él y su Palabra es el único verdadero filtro de mis temores y supersticiones. Si supiéramos cuantas personas operan sus vidas en medio de supersticiones, errores y temores, encontraríamos una de las terribles razones de los conflictos matrimoniales. Por ello digo que el descubrir, interpretar, entender y aplicar el consejo divino para la intimidad entre los seres humanos, es la única forma de tener una vida conyugal íntima y saludable pues cumple el plan y propósito de Dios.

Los hombres que aman la verdad, la buscan

Soy un amante de las biografías bíblicas. Me alegra que Dios haya elegido seres humanos y que los haya mostrado como humanos. En la Biblia no existe una lista de santos de madera. Ellos son santos humanos con virtudes y defectos como usted y como yo. Me encanta que Dios haya decidido mostrarnos la vida de los grandes líderes, sin esconder sus defectos. Cuando veo que hombres y mujeres amaron a Dios e hicieron esfuerzos para cumplir sus ordenanzas, me da esperanza. Cuando veo que esos seres humanos, a veces fallaron y en otras ocasiones acertaron mientras lo intentaron, eso me da esperanza. Cuando veo mi profundo amor por Dios y descubro mis defectos me doy cuenta que soy igual que los grandes líderes bíblicos: otro ser humano que ama a Dios y que lucha por guardar sus principios.

Me alegra darme cuenta que los personajes bíblicos que amaron la verdad tuvieron que luchar para descubrirla y vivirla. Tuvieron que buscar la verdad. Los grandes hombres de Dios que encontraron los tesoros amaban la búsqueda de la verdad. Ellos han amado la verdad, la han codiciado más que el alimento e incluso han sacrificado todo para adquirirla. Los hombres y mujeres que desean vivir agradando a Dios han tomado una gran y difícil decisión. Han dejado de lado sus verdades, pues se dieron cuenta que ante la revelación divina, sus verdades eran grandes mentiras.

Las biografías de hombres como David, Moisés, Pablo, Ester y muchos más, me muestran que no podemos vivir en desobediencia y obtener buenas consecuencias. No vivimos al estilo divino siguiendo el consejo humanista de la sociedad. Al leer las Escrituras nos damos cuenta que no existe forma de tener intimidad con Dios e intimidad con nuestro cónyuge, sin comprender las verdades reveladas en la Biblia.

Los grandes hombres de Dios se dieron cuenta que la atractiva filosofía mundana les había engañado. Se dieron cuenta que no era sabio seguir sus pasiones. Con dolor y sufriendo terribles consecuencias por sus pecados, David entendió que no paga bien hacer mal. Este hombre que como usted y como yo amaba a Dios, tenía temporadas de desobediencia. Aprendió en medio de experiencias muy dolorosas que no tenemos bendición cuando elegimos desobedecer. Dios dejó registradas esas experiencias para que nosotros determinemos no repetirlas. Nosotros, los que amamos a Dios, también debemos darnos cuenta que el mundo y su filosofía está lejos de la verdad bíblica. Debemos entender que la filosofía mundana nos vendió la idea del sexo, pero no tiene la capacidad de revelarnos la verdad sobre la intimidad.

> *«La filosofía mundana nos vendió la idea de juntar nuestros cuerpos y tener sexo, pero no ha tenido la capacidad de revelarnos la verdad sobre cómo tener una intimidad saludable».*

Los amantes de la verdad divina se dieron cuenta que la verdad humana es limitada y está sujeta a las pasiones del corazón. Cuando cayeron por el engaño de la mentira y por la seducción del sistema humano, se volvieron a levantar pues sabían que no podían vivir plenamente sin la verdad. En medio de la caída no se dejaron arrastrar por la desesperación, sino que, con más cuidado, atención y con mayor fervor, renovaron sus esfuerzos para volver a la verdad que conocían y buscaron con mayor ahínco nuevos tesoros que no habían descubierto. Eso es lo que quiero que ocurra con usted. Si usted es un hijo de Dios que ama la verdad y vivió una temporada seducido por la mentira mundana, debe levantarse y buscar todos los tesoros de pleno entendimiento que están escondidos en Cristo. Si por años se acostumbró a tener sexo con su cónyuge, pero no ha disfrutado de la intimidad que enseña la Biblia, entonces debe buscar los maravillosos tesoros sobre la vida de intimidad que están escondidos en Dios y han sido revelados en su Palabra que es verdad.

Los amantes de los tesoros de la sabiduría, verdad e integridad tienen a bien no depender de la fortuna, comodidades, el renombre, la buena reputación, los placeres y todo lo que les puede proporcionar este mundo. Pueden tener todo ello y mucho más, pero saben que su vida y paz, así como sus relaciones interpersonales saludables, no dependen de lo que el mundo ofrece, sino de lo que Dios demanda. Son buscadores de tesoros o cosas valiosas. Son como los que van a la playa para disfrutar, para recolectar hermosos caracoles, pero su mayor deseo es llevar su detector de metales para recorrer las playas en búsqueda de cosas valiosas. Esos hombres disfrutan cuando encuentran hermosos caracoles y piedrecillas lindas, pero lo tienen como algo pasajero, de belleza temporal, de uso limitado. Pero se sienten realizados cuando encuentran cosas valiosas. Así también es quien disfruta de las cosas hermosas que son parte de la vida sexual, pero su meta es encontrar lo que realmente tiene valor. Los buscadores de tesoros escondidos en la intimidad, al igual que los hombres de Dios amantes de la verdad, tienen todo lo material y mundano como estiércol y escoria, mientras continúan su búsqueda de los hermosos y valiosos tesoros de la verdad. Descubrir los tesoros de la verdad bíblica es la riqueza más grande que puede tener persona alguna. Solo piense en esto. La verdad da luz cuando caminamos a oscuras, nos anima a disfrutar de dulzura en tiempos en que nos destruye la amargura, nos anima cuando estamos desanimados, nos exhorta cuando estamos equivocados y nos guía cuando estamos perdidos. Estar perdidos, equivocados en nuestro camino hacia la intimidad no es nada placentero. Mejor dicho es absolutamente destructivo. ¿Qué puede ser más terrible que haber sido creado para la intimidad, haberse casado para cumplir el propósito de Dios y tener la persona con quien es posible la intimidad que tanto anhelamos y mas bien sentirnos alejados, despreciados, ignorados y aun lastimados, a pesar que realizamos una seria búsqueda con el propósito de ser íntimos?

El descubrir los tesoros de la intimidad que Dios nos dejó nos permite vivir una vida de excelencia. Este descubrimiento de verdades no resulta de la mirada rápida de un lector despreocupado. El descubrimiento de esos tesoros de verdad no es el resultado de la búsqueda mediocre. Los tesoros de la vida de intimidad no son la excepción. Ellos no se recogen como piedrecillas o los caracoles que busca en la playa un despreocupado turista. Los tesoros de la vida íntima son riquezas verdaderas. Están escondidas. Esas joyas para la vida fueron dejadas por Dios en lugares que exigen nuestro escrutinio. Ese es el llamado de la Biblia misma. Dios no nos ordena leer la Biblia para comprender las verdades reveladas, mas bien se nos manda a *escudriñar* las Escrituras. Las verdades para la vida de intimidad se obtienen mientras buscamos los tesoros que nos conducen a ella. Esas verdades se obtienen como se busca el oro y la plata. Para encontrar esos tesoros es necesario trabajar duro, excavar, buscar, removerlos y disfrutarlos. Salomón dice: «Si clamares a la inteligencia, y a la prudencia dieres tu voz; si como a la plata la buscares, y la escudriñares como a tesoros; entonces entenderás el temor de Jehová, y hallarás el conocimiento de Dios»

(Proverbios 2.3-5). El que quiera adquirir la verdad sobre cualquier área de la vida debe escudriñar los consejos de Dios. Tendrá que emplear su inteligencia, deberá tener cercanía con Dios e intimidad con Él. Es imprescindible prepararse y estar siempre atento a la voz de Dios que habla dentro de su alma y que se comprueba con una buena interpretación de su Palabra.

> *«Al leer este libro usted descubrirá maravillosos tesoros de la vida de intimidad que por ignorancia o mala formación han estado escondidos. Este libro no es un manual de sexualidad, es una guía para descubrir tesoros maravillosos creados por la sabiduría divina y que han sido escondidos por nuestra ignorancia humana».*

La razón para buscar los tesoros que nos permiten tener intimidad es que ellos nos guiarán a cumplir lo que Dios demanda y así podemos ser íntimos como Él espera. Los que buscan los tesoros de la sabiduría, los tesoros de la verdad, los tesoros de la intimidad deben tener una relación de amor y sumisión con el Autor de la verdad. Debemos tener una gran pasión por Cristo y sus enseñanzas pues su sabiduría puede ser nuestra. Con su ayuda, su guía y las directrices de su Palabra podemos aprender a vivir bien. Nosotros no sabemos cómo conducir nuestra vida, ni cómo disciplinar a nuestros hijos ni cómo ser íntimos sin amar a Cristo, tomar en serio sus enseñanzas y recibir su sabiduría. Por eso el apóstol Pablo en Colosenses 2 dice que sostiene una gran lucha para que los creyentes en Cristo tengan consuelo en sus corazones, aprendan a vivir unidos en el amor y para que puedan «alcanzar todas las riquezas de pleno entendimiento, a fin de conocer el misterio de Dios el Padre, y de Cristo». Pablo quería que los creyentes tuvieran un conocimiento pleno para enfrentar la vida y sus desafíos. Luego agrega que es en Cristo «en quien están escondidos todos los tesoros de la sabiduría y conocimiento». Esa es una verdad maravillosa. Los buscadores de esos tesoros de sabiduría y conocimiento deben relacionarse con Cristo pues en Él están escondidos todos los tesoros que necesitamos para poder vivir de la forma en que Dios espera.

Muchos viven en un estado de ignorancia porque no tienen una buena relación con Jesucristo y porque no comprenden los tesoros escondidos en las Escrituras. A las enseñanzas bíblicas, como las relacionadas con la sexualidad, les han ido agregando tantos otros conceptos equivocados que han formado un monstruo de ideas que promueven el error. A veces se les ha repetido tantas veces una mentira, un concepto erróneo sobre el amor, la vida y la sexualidad, que terminan por aceptar como verdadero un concepto erróneo. Hoy día se aceptan unas ideas tan deformadas y fuera de realidad como si fueran dragones intelectuales que nos intimidan y nos impiden disfrutar de la verdadera intimidad. En el siguiente capítulo no solo le ayudaré a identificar ciertos dragones, sino que le guiaré para que comience a prepararse para enfrentar a estos monstruos que viven solo en su imaginación.

CAPÍTULO SEGUNDO

DRAGONES QUE ATACAN LAS RELACIONES ÍNTIMAS

CAPÍTULO SEGUNDO

DRAGONES QUE ATACAN LAS RELACIONES ÍNTIMAS

«La espiritualización, las ideas erróneas y la ignorancia que tienen muchos cónyuges, no solo les motivan a actuar equivocadamente, sino que además van destruyendo poco a poco la intimidad».

L os dragones son figuras mitológicas que no existen, pero han sido creadas en forma muy hábil, por la brillante imaginación humana. Así mismo hemos creado dragones que atacan las relaciones íntimas. La creación de estas figuras se basó en algo de realidad, pero se les han agregado tantas cosas ficticias que al mirarlos nos damos cuenta que son monstruos irreales. Un dragón tiene piel de cocodrilo, pero no lo es. Tiene forma de un lagarto gigante, pero no lo es. A la imagen real combinada de un lagarto, más ideas tomadas de la presencia de un cocodrilo y sin duda, de animales, le agregaron elementos ficticios y crearon una criatura atemorizadora, pero irreal. La imaginación llevó a quienes crearon a los dragones a mostrarlos echando fuego por la boca, pero eso es ficción, no realidad. Por lo tanto, el dragón es un animal ficticio creado por la mente humana y basado en algo de verdad. Por esto digo que existen dragones que atacan las relaciones íntimas. Basado en algo de realidad y como producto de la mala interpretación de las Escrituras, la imaginación, la tradición y la espiritualización, la gente ha ido agregando ideas ficticias que en vez de producir una intimidad necesaria y deseable han resultado en relaciones sexuales no saludables.

Comparo a los dragones con los mitos que la gente cree. Usted no puede imaginarse la cantidad de ideas erróneas que la gente me ha compartido como resultado de la confianza que han adquirido al escucharme por tantos años en mi programa de radio y mis conferencias. Entre los dragones y los mitos existen varias similitudes. Tanto los mitos como los dragones existen solo en la mente de las personas. La gente se ha formado ideas que van de inocentadas y que llegan al colmo de la ridiculez. Tanto los mitos como los dragones son ideas engañadoras que influencian a quienes las creen. Quienes creen falsedades, no importa cuan sinceros sean, actuarán basados en falsedades. Quienes creen en mentiras, vivirán en un mundo de mentira, aunque piensen que viven en la verdad. Tanto los dragones como los mitos tienen consecuencias destructivas. No pueden tener relaciones sexuales normales y conforme a la descripción y el deseo divino quienes basan su práctica en ideas confusas y equivocadas.

Los mitos relacionados con la vida sexual son productos de mentes fantasiosas. Aquellas mentes que encuentran deleite en su percepción y se dejan llevar por su imaginación. Estos mitos son perjudiciales pues las relaciones sexuales de los seres humanos no deben estar basadas en la increíble y peligrosa imaginación humana. Esos mitos que destruyen la vida íntima a veces están basados en una mente supersticiosa. Esa mente encuentra deleite en creencias extrañas a la fe y contrarias a la razón. Quienes basan sus relaciones íntimas en supersticiones, están poniendo como fundamento de su vida sexual una fe sin estructura, una creencia desmedida que les conducen a errores sinceros, pero errores. La vida íntima no debe basarse en la superstición de la mente humana. Quienes basan su vida sexual en una mente fabulosa encuentran deleite en relatos quiméricos o fingidos que no tienen su apoyo en la realidad sino en una fábula. Son cuentos, rumores, hablillas que nacieron en el pasado. En muchos casos, en miembros antiguos de la familia y que han sido traspasadas a los demás. No pueden tener una vida íntima saludable quienes basados en cuentos ingenuos del pasado quieren tener una sexualidad al estilo divino en el presente. Quienes basan su vida sexual en una mente orientada hacia las pasiones pueden irse a los extremos en su búsqueda de satisfacciones. Pueden salirse de los límites de la moralidad o ignorar los deseos de su cónyuge por satisfacer sus fuertes pasiones personales.

> *«Basado en algo de realidad y como producto de la mala interpretación de las Escrituras, la imaginación, la tradición, la ignorancia y la espiritualización, la gente ha ido agregando ideas ficticias que en vez de producir una intimidad necesaria y deseable han resultado en relaciones sexuales no saludables».*

Mientras más escucho a la gente hablar de sus problemas en el mundo de su sexualidad más me doy cuenta que están siendo destruidos por los terribles dragones que son parte de su imaginación. Muchos viven en un mundo de mitos muy perjudiciales para las relaciones matrimoniales. Alguien dijo que un mito es una mentira que la han repetido tantas veces que la persona llega a considerarla una verdad. Es increíble la cantidad de ideas erróneas que la gente tiene y cuán ridículas son algunas de ellas. Algunos nunca aprendieron nada sobre la vida sexual, pero creen tener el derecho de traspasar sus consejos e ideas a otras personas.

UNA EXPERIENCIA PERSONAL

Mi vida sexual se inició basada en la ignorancia. Me casé a los 21 años sin tener idea de cómo tener relaciones sexuales saludables y al estilo maravilloso que Dios creó. Nunca leí sobre el tema, no recibí ningún consejo, no había escuchado ninguna plática sobre la sexualidad, no sabía qué era digno, bueno, saludable o cuándo podía existir maldad. Agregue a eso las ideas erróneas y los mitos que tenía, y la Biblia cuenta cuán inmensa era mi necesidad. No son suficientes las buenas intenciones. Yo las tuve. Mi anhelo, como joven cristiano amante del Señor, criado bajo una estricta moralidad a la que me sometí voluntariamente, era agradar a mi Dios en mi sexualidad. Pero las buenas intenciones, la más alta moralidad y la pasión por vivir conforme a las indicaciones divinas no son eficaces si no conocemos cuáles son los parámetros que Dios exige. Si somos ignorantes de las leyes divinas sobre la sexualidad, podemos pecar fácilmente aun queriendo ser obedientes. Un serio problema de iniciar relaciones basadas en mitos es que no podemos actuar bien pues nadie que cree mal o tiene valores erróneos puede actuar bien. Las creencias determinan nuestro comportamiento. No podemos pensar mal y a la vez obtener como resultado el éxito. No podemos vivir de fábulas y disfrutar de la realidad. Los mitos nos llevan a vivir de ilusiones y por no alcanzarlas —pues la realidad es diferente— sufrimos serias decepciones.

Los cristianos corremos un serio peligro de actuar en forma ignorante si la iglesia no enseña con fundamento, buen conocimiento de la Biblia y del ser humano, y en forma abierta y a tiempo. No basta conocer la Biblia para enseñar cómo vivir la vida sexual al estilo divino. Se necesita conocer al hombre y a la mujer, y saber cómo, por qué y para qué fueron creados por Dios. Los cristianos tenemos la responsabilidad de seguir creciendo en nuestra fe y en el conocimiento de los mandamientos y principios divinos. Es cierto que los líderes tienen la responsabilidad de instruir, pero todo creyente también tiene la obligación de informarse y escudriñar las Escrituras para comprender el plan de Dios para su vida y los principios que debe aplicar a su vida diaria.

«No basta conocer la Biblia para poder enseñar cómo vivir la vida sexual al estilo divino. Se necesita conocer al hombre y a la mujer, y saber cómo, por qué y para qué fueron creados por Dios».

EL ERROR DE LOS LÍDERES DE LA IGLESIA

He notado que muchos mitos son perpetuados por las enseñanzas erróneas en las iglesias. Cuando los líderes enseñan conceptos de amor, sumisión, ternura y enamoramiento que no tienen un buen fundamento en los pensamientos de Dios, lo que se está enseñando son ideas humanas que no satisfacen y más bien engañan.

La iglesia tiene una función maravillosa. Sus líderes tienen una tarea hermosa y difícil que cuando es descuidada permite errores por ignorancia. La encomienda del apóstol Pablo a su discípulo Timoteo fue que se encargara de enseñar los valores de Jesucristo en medio de la iglesia, que pese a que estaba compuesta por seres humanos, pertenecía, y pertenece, al Dios vivo. La enseñanza bíblica nos exhorta a actuar conforme al consejo de Dios. La iglesia y la vida de sus miembros no deben ser guiadas por sus propios pensamientos pues Dios es su Señor y Él es quien juzga sus acciones. Pablo instruye a su discípulo Timoteo en la enseñanza de la palabra de Dios para que los cristianos aprendan a vivir como luminares en el mundo en medio de una generación maligna y perversa. Eso es lo que Dios quiere también para nosotros. Él no quiere que vivamos conforme a las ideas, mitos y tradicionalismos traspasados por los hombres. Dios quiere que investiguemos lo que Él dice y actuemos como Él ordena. El Señor no quiere que nuestra vida esté basada en otra generación o en la presente cultura que tiene otra forma de pensar totalmente opuesta a las indicaciones divinas. Él quiere que vivamos como luz en medio de las tinieblas, incluyendo nuestra vida sexual. Dios no quiere que sigamos las ideas pasionales de esta sociedad dispuesta a hacer lo que sea para satisfacer sus pasiones, aun sin buenas convicciones.

La gente no tiene idea o tiene ideas erróneas con respeto a la vida sexual y se agrava la situación por lo secreto que se ha mantenido el tema. Tristemente muchos creyentes que en forma natural llevan esta ignorancia a la vida cristiana, la mantienen por falta de instrucción. No importa cuán sincero sea un cristiano, si no recibe instrucción bíblica sabia y práctica, por medio de líderes capacitados y entendidos de la revelación divina, no podrá modificar su comportamiento y no podrá abandonar los mitos que ha guardado en su mente por tantos años. Dios dice que su pueblo perece por falta de visión. Por falta de líderes que estudien integralmente la palabra de Dios, la gente queda presa de sus ideas erróneas. Por falta de liderazgo que comprenda la revelación divina, y haya estudiado y comprenda la vida humana, muchos mantienen sus mitos destructivos. Por falta de líderes que enseñen los secretos divinos revelados para que los adopten los hombres y mujeres cristianos, estos no tienen una visión bíblica de su sexualidad y por eso están pereciendo en una relación que con buen conocimiento y una buena actitud, se debería continuar construyendo.

> *«Por la falta de líderes que estudien integralmente la palabra de Dios, la gente queda presa de sus ideas erróneas».*

Me he dado cuenta de la inmensa necesidad que existe de información confiable. Cuando pregunto en mis conferencias cuántos cristianos han recibido instrucción con fundamento bíblico, con un conocimiento de las necesidades humanas y con consejos prácticos para la vida sexual, prácticamente nadie levanta la mano. Muchos cristianos deseosos de agradar a Dios y sedientos de la palabra de verdad, no obtienen la respuesta que buscan en los líderes. La gente me ha compartido tradiciones traspasadas por familiares y amigos que son mitos destructivos. Muchos no solo han confesado su ignorancia, sino, además, han revelado los conceptos espiritualistas que son parte de sus convicciones y que les han llevado a profundas decepciones. Creo que lo que más me entristece es saber que los líderes que tienen la responsabilidad de instruir a quienes han sido puestos bajo su cuidado, estén dando a la gente instrucciones erróneas ya sea por ignorancia, tradiciones o malas interpretaciones.

Cada vez que las personas me hablan de su dolor como producto de una vida sexual vacía o cuando me doy cuenta de la decepción de los cónyuges, trato de investigar profundamente sus creencias. En muchas ocasiones me doy cuenta de cuántos conceptos equivocados tienen y descubro la razón de muchos de sus conflictos. He encontrado personas inocentes, cristianos sin educación formal, creyentes engañados, miembros de iglesia ignorantes de la revelación bíblica y aun líderes ingenuos, que han decidido compartir sus ideas, en vez de la revelación divina investigada con dedicación y responsabilidad, y aplicada con sabiduría y excelencia. Por esto no me extraña la gran cantidad de gente que está experimentando serios problemas en su relación conyugal. Los líderes que se mantienen en la ignorancia no pueden comunicar la verdad. Líderes con una buena intención, pero una mala preparación, y líderes con buenos sentimientos, pero un terrible conocimiento, no pueden orientar correctamente a quienes practican su vida sexual en forma errónea.

LOS ERRORES Y SUS CONSECUENCIAS

Las consecuencias de nuestros errores nos perseguirán y pueden afectarnos toda la vida si no tomamos el tiempo para conocer la verdad, evaluar nuestra vida y realizar los cambios indispensables. No importa porqué razón hoy estemos cometiendo errores en nuestra vida sexual, de todas maneras sufriremos las consecuencias. Podemos estar actuando equivocadamente por la falta de instrucción, por recibir ideas erróneas, por nuestra propia rebelión o por dejarnos llevar por nuestras pasiones, de todas maneras será afectada nuestra relación conyugal. Es nuestra responsabilidad salir de ese círculo vicioso de errores que nos conducen a su vez a otros errores.

Estoy consciente que los líderes de las iglesias tenemos una gran responsabilidad pues Dios nos ha entregado la gran tarea de estudiar la revelación divina y orientar a los miembros de la familia de Dios. Es nuestro deber guiar a senderos de luz y dar la adecuada instrucción para que quienes vivieron por tantos años sin darle importancia a Dios y su Palabra, hoy tengan la posibilidad de conocer la verdad que les hará libres. Sin conocer la verdad nadie puede salir del error y sin salir de los errores nadie puede esperar que vengan días mejores a su relación conyugal y su vida íntima.

> *«Muchos errores en la vida sexual de las parejas se deben a que existen líderes que ya sea por su misma ignorancia, o por tradiciones erróneas, o por malas interpretaciones, están dando a la gente instrucciones erróneas».*

CONCEPCIONES ERRÓNEAS SOBRE LA VIDA SEXUAL

Constantemente noto que algunas personas, basadas en ciertas realidades, agregando un poco de su propia imaginación o presionados por las ideas de otros, han hecho de la vida sexual un monstruo destructivo. Esa práctica errónea es un mito tan destructor que en algunos matrimonios existen violaciones y aun se obliga a los cónyuges a realizar actos que van contra el diseño de Dios. Algunos cónyuges se van a graves extremos y están produciendo heridas y serios daños emocionales.

En las próximas páginas mencionaré algunas de la gran cantidad de concepciones erróneas o mitos con respecto a la vida sexual que me han expresado con frecuencia. Por mi relación cercana con la gente tengo la oportunidad de escuchar sus inquietudes y recibir una gran cantidad de consultas. Todos los errores que mencionaré los he basado en la gran cantidad de cartas, llamadas telefónicas y consultas que a través de los años la gente ha realizado. Estas son algunas de las declaraciones que he escuchado:

> *«Evito tener mucha actividad sexual pues me puede debilitar».*

Inés me decía que cada vez que tenía relaciones sexuales se sentía muy débil y que en su comunidad la gente decía que cuando eso ocurría, la vejez era más dura. Este era un comentario que había pasado de generación en generación en su comunidad y es un mito terrible que no tiene ninguna base en la realidad sino en la imaginación de las personas.

Algunas personas recibieron la enseñanza errónea que la actividad sexual debilitaba demasiado y que, por lo tanto, no debían tener relaciones sexuales muy seguidas. Un par de personas me indicaron que le habían enseñado que si tenían relaciones muy seguidas disminuirían sus años de vida. Aunque a usted le suene ilógico y ridículo, para otras personas es un mito destructivo que impide la vida sexual saludable. Inés era una de esas mujeres sinceras, pero mal informadas y que por creer una mentira estaba creando un conflicto en su vida conyugal.

Debo decir que ninguna declaración de la gente ya me sorprende sobre mitos que se conservan casi como tradición. Esto es cierto aun dentro de las iglesias donde debería existir una instrucción bíblica profunda. No he conocido a nadie que no cometa algún error en su vida sexual como producto de alguna creencia errónea, así que el hecho de que para nosotros una declaración como la de Inés suene ridícula, para otros no lo es.

El sexo practicado conforme al propósito de Dios es grandioso para nuestro cuerpo y para todo nuestro ser. Nuestras emociones y nuestros cuerpos confirman que cuando lo practicamos bien, nunca nos hará mal. Dios lo creó y es bueno para nosotros. Es bueno para el hombre y la mujer pues nuestro Dios nunca ha creado ni creará nada malo. La necesidad de hacer ejercicios fue creada por Dios, no es una invención humana. Cuando los hacemos con sabiduría, nos producen cansancio y debilidad, pero no nos hacen mal. Hay que hacerlos bien y regularmente. Nos hacen mal cuando los hacemos como no debemos, cuando no debemos y sin seguir parámetros de los entendidos. Por ello, creer este mito es tan ilógico como creer que porque el ejercicio nos debilita y nos produce cansancio, para poder mantenernos fuertes y con energía, no debemos hacer ejercicio. Las relaciones sexuales practicadas conforme Dios las planificó, son buenas para el corazón, nos ayudan a la circulación, nos ayudan a soltar tensiones, y ha disfrutar digna y puramente nuestras pasiones. La vida sexual es una parte muy importante de la vida conyugal y cuando nos sometemos a las directrices divinas, nunca es perjudicial. Al contrario, negarnos a cumplir este deber conyugal es un acto de rebeldía que perjudicará la vida sexual.

«En cuanto a las relaciones sexuales entre los cónyuges, los extremos son perjudiciales, no así las relaciones sexuales normales».

«No es bíblico ni prudente enseñar sobre la vida sexual en el ambiente congregacional». En algunas oportunidades he preguntado si es no conveniente enseñar sobre la vida sexual dentro del marco de la educación de la iglesia y he tenido respuestas que demuestran que para muchos la vida sexual es un tabú que no debe ser tocado. Esa es una idea muy equivocada. Si no enseñamos en las congregaciones, ¿dónde aprenderán los miembros de la iglesia? Aunque existan personas que se opongan a la enseñanza congregacional sobre la vida sexual, es un error que los ministros bien preparados bíblica y profesionalmente cedan a las presiones de quienes tienen temor de aprender solo por sus inhibiciones o concepciones erróneas.

Cuando comencé a dar mis conferencias sobre la intimidad en la vida conyugal escuché cuestionamientos muy interesantes. «¿Cómo se atreve a hablar de eso?» «Esas son cosas privadas en las que nadie debe meterse y nadie debe enseñarnos». «¿Qué me va enseñar un pastor joven cuando le doblo en edad?» «Está usando la Biblia para enseñar sus ideas humanas».

Manuel, un pastor de unos setenta años, se salió de mi conferencia. Noté su molestia cuando abandonó el lugar. Cuando terminé fui a buscarlo. Le pregunté directamente y con mucho amor si lo había ofendido. Me dijo: «No pastor, solo no me sentía bien y salí por un momento». Mi carne me decía que aceptara su respuesta, pero mi espíritu se sintió intranquilo. Le volví a insistir. «Pastor, siento que hay algo más. Los dos somos pastores y con todo mi amor, lo exhorto a que delante del Señor me diga que no siente rechazo por mis enseñanzas». Tratando de evitar mi mirada me dijo: «Sí pastor. No me sentía bien y mi única duda fue si sacarlo a usted o salirme yo. Fue obvio que elegí lo ultimo». Después de escuchar los testimonios de la sanidad y liberación de tantas ataduras que habían ocurrido en su comunidad, se dio cuenta de cuán necesaria era la instrucción. Matrimonios que él había aconsejado por años y que no habían podido resolver sus conflictos, le dieron la buena noticia de que su matrimonio cambió después de escuchar una y otra vez la grabación de las conferencias. Tanto y tantos le dijeron, que decidió escucharlas. No solo cambio su relación conyugal, no solo me pidió perdón por su actuación inmadura, sino que ordenó que sea material obligatorio para todo matrimonio, y especialmente para las clases de asesoramiento prematrimonial que instituyeron. Abrió la oportunidad para que algunas parejas reciban nuestra instrucción sobre el tema y que la cadena de enseñanzas sobre la intimidad en la vida conyugal continúe periódicamente en su congregación.

He sido invitado a muchos lugares, y por lo tanto, he tenido muchos tipos de audiencia. En una ocasión visité Miami. Era una congregación que tenía un noventa por ciento de personas sobre los sesenta años. Cuando llegué al templo y vi aquel mar de cabezas blancas, cuando la mía todavía era negra, me sentí totalmente inadecuado. Me preguntaba qué podría enseñar a personas que tenían veinte o veinticinco años más que yo. Poco a poco fui desarrollando mi tema. Veía los codazos y las miradas que se compartían entre los cónyuges y entre los amigos. Noté la incomodidad de algunos y la alegría de la mayoría. Al final di tiempo para preguntas. Sin embargo, más que las preguntas, me impresionaron los comentarios. Los llevo grabados en mi mente pues el cumplir esta tarea es la razón de mi existencia. Uno de los bien expresivos cubanos asistentes se paró y me gritó: «Oye chico, donde estabas tú hace treinta años. Llevo cuarenta y tres años en la iglesia y nunca nadie me ha enseñado de esto. Pobre de mi viejita por tantos años de ignorancia». La risotada inundó la congregación. Al mero estilo caribeño de hablar en voz alta, su inconfundible acento y con movimiento de manos y brazos, unos cuantos comentaron: «Hubiera querido escuchar esto hace muchos años». «¿Dónde ha estado la iglesia en todos estos años?» «Con esta instrucción me hubiera evitado dolor y el dolor que he provocado a mi esposo».

He encontrado más personas que lo que quisiera que piensan que el tema de la sexualidad es un asunto que debe ser tratado en privado y solo por la pareja. Estoy convencido que la iglesia ha cometido un serio error al no tratar bíblica, profesional y abiertamente el tema de la sexualidad. Hemos dejado que quienes tienen información interesada, equivocada y que no entienden el diseño divino, enseñen lo que nosotros debíamos haber enseñado. Por supuesto que no cualquier persona, ni siquiera todos los ministros, están preparados para tocar un tema que no solo debe ser tratado con conocimiento bíblico sino también de una forma delicada y profesional. Es erróneo creer que la iglesia o las personas bien preparadas eviten enseñar un tema tan ignorado. Las Sagradas Escrituras nunca darían una información tan clara de un tema que debemos callar. La Biblia nos entrega claras directrices con respecto a la importancia que tiene la vida sexual en la vida conyugal. Ciertamente no existen indicaciones paso a paso, pero existen principios y valores que tienen que ser el fundamento de nuestras acciones, incluyendo la vida sexual. La Biblia no nos ofrece una explicación paso a paso de porqué no debemos involucrarnos en las bebidas alcohólicas, pero sí existe un mandamiento a no emborracharnos y principios para vivir sin ser dominados por los vicios. De la misma manera, no existe una declaración paso a paso con respecto a la vida sexual dentro del matrimonio, pero sí existen claros principios en el sentido de que debemos disfrutarla, que debe ser practicada regularmente, no debe haber negación en la pareja y ambos deben estar involucrados saludablemente en la relación. La Biblia nos indica claramente que debemos evitar las relaciones sexuales en la vida prematrimonial, y que debemos practicarla con sabiduría y con regularidad en la vida conyugal. La única forma en que podemos aprender apropiadamente es recibiendo instrucción y la mejor instrucción que podemos encontrar está en la palabra de Dios. El Señor demanda que los maestros se preparen con excelencia, que tengan un buen fundamento bíblico y que enseñen con claridad, sabiduría y prudencia. Por lo tanto, estoy convencido que enseñar públicamente a las parejas para dar sabia instrucción y herramientas de corrección de prácticas erróneas no es una opción sino un mandato bíblico.

«ODIO LAS RELACIONES SEXUALES. EL SEÑOR ME HIZO ASÍ».

Dios nos hizo para que amemos y necesitemos la intimidad. Sin embargo, debido a nuestra pecaminosidad e imperfección algunos cónyuges están tan equivocados en su práctica sexual que producen traumas y rechazo a la satisfacción de esta necesidad. ¿Ha notado cómo odiamos por un tiempo, y hasta nos molesta ver y oler, alguna comida que según nuestro criterio nos cayó mal? Cuando nos enfermamos, aun sin saber si la causa real fue algún tipo de alimento que ingerimos, tendemos a rechazarlo automáticamente. Se imagina que después de algunas experiencias similares y con el mismo alimento tendrá un rechazo permanente. Puede que el problema no haya estado en el alimento sino en usted o puede que su organismo saludable está rechazando el alimento con justas razones.

Indudablemente, como consejero sé que hay ciertas parejas que en su vida sexual cometen tanto errores, que la forma como se han acostumbrado a tener relaciones sexuales debe ser rechazada porque su fórmula no es la que Dios diseñó. Pero eso no es verdad para la mayoría de las personas. Hay muy pocos que pueden vivir solteros y felices pues Dios les dio una capacidad de continencia que les permite vivir realizados sin necesidad de tener relaciones sexuales. Nosotros debemos amar lo que Dios creó.

Nuestro rechazo justo debe enfocarse en las relaciones sexuales que el hombre dañó por quitar o por agregar formas y prácticas que Dios no dictaminó. No debemos rechazar la vida de intimidad como Dios la creó, sino la vida sexual sin parámetros de moralidad bíblicos y que el hombre pervirtió.

«No debemos rechazar la vida de intimidad como Dios la creó, sino la vida sexual sin parámetros de moralidad bíblicos y que el hombre pervirtió».

En la Biblia se enseña con gran claridad que existen hombres y mujeres que por un don de continencia, no sienten la necesidad de casarse ni de tener relaciones sexuales. Pero la excepción confirma la regla. Una persona que tiene ese don y no siente necesidad de tener relaciones sexuales, comete un inmenso error al casarse, pues la vida sexual es parte de la vida matrimonial y cuando uno se casa debe honrar las necesidades del cónyuge. No puede suplir las necesidades de su cónyuge quien tiene el don de continencia y no cree necesario tener relaciones sexuales periódicas, creativas y con excelencia.

La gran mayoría de las personas nacemos con la necesidad de intimidad y Dios estableció que exista en nosotros una necesidad sexual que debe ser satisfecha. Cuando una persona rechaza las relaciones sexuales pese a que ha sido creada con esa necesidad y no tiene don de continencia absoluta lo que ha ocurrido es diferente. Esa persona en algún momento vivió una experiencia traumática que le hizo formar un mecanismo de defensa que le impide darse cuenta de su necesidad. Otra persona puede haber sido mal enseñada y por ignorancia no sabe lo que es la vida sexual. No sabe para qué sirve, cómo se desarrolla saludablemente y por lo tanto, la practica erróneamente. Si bien al inicio de su vida conyugal por lo menos sintió algo de excitación, ahora poco a poco se va desarrollando un rechazo, cada día va perdiendo interés, y seguirá de mal en peor.

Rebeca decía que odiaba las relaciones sexuales. Al preguntarle si alguna vez se había sentido satisfecha me confesó que ni siquiera sabía lo que debía sentir. El asesoramiento duró meses pues era casi imposible romper las barreras que existían en su mente. La vergüenza, los mitos, las concepciones erróneas, las experiencias traumáticas eran demasiada maleza. Pero era imprescindible destruir esa cizaña para que la tierra estuviera preparada para plantar la buena semilla de las relaciones sexuales con la dignidad humana que Dios demanda. Finalmente lo logramos. Descubrimos que Rebeca no odiaba las relaciones sexuales, ella odiaba la ignorancia, la insensibilidad, la degeneración e insensibilidad de su marido. Odiaba sentirse usada y ser obligada a hacer cosas que no solo no entendía, sino que además, le herían y por lo tanto, rechazaba. Rebeca ni sabía que también odiaba su ignorancia y su mundo de conceptos erróneos sobre la vida sexual. Rebeca no odiaba las relaciones sexuales, odiaba que en su comunidad la mayoría de las mujeres eran abusadas por sus maridos y que muchas experimentaban la misma sensación de vacío, frustración y abuso en su vida sexual.

«*A mi marido le encantan los juegos sexuales y yo creo que son actos de perversión*».

Por supuesto que como consejero responsable, mi labor primaria es entender bien la pregunta de quienes buscan mi consejo. Sé que detrás de cada pregunta hay un mundo de confusión. No puedo dar por sentado que la persona, con mala intención, solo quiere crear problemas a su cónyuge. Esa persona no está expresando su pensamiento porque quiere crear polémica, sino porque esa es su forma de pensar, aunque en mi concepto y de acuerdo a los preceptos bíblicos, esté equivocada.

Después de varias sesiones en que constantemente pedía aclaraciones, Patricia logró describir lo que ella tildaba de juegos sexuales. No tenía idea que su cuerpo y su mente necesitaban preparación. Ella detestaba que su esposo le acariciara su órgano genital, y aunque aceptaba que le tocara sus senos, sentía que su marido era un degenerado por querer besar la zona pélvica y acercarse a su vagina. «Lo único que él quiere es jugar mientras yo estoy indignada», me dijo.

Cada vez que alguien me ha preguntado acerca de si los juegos sexuales son permitidos para un matrimonio cristiano, hago la misma pregunta para clarificación: ¿Me puede describir lo que usted llama «juegos sexuales»? Mi intención es que definan bien las palabras. Generalmente he escuchado variadas respuestas. Algunas mujeres describen como juego sexual el hecho de que su esposo bese sus senos. Otras, las caricias con un dedo, las manos o la lengua en sus órganos genitales y que sus maridos realizan antes de iniciar la penetración.

Más adelante hablaré específicamente de las relaciones sexuales anales y orales, pero ahora mi enfoque es en lo que las personas describen como juegos.

Las personas que piensan que las caricias de los genitales, los senos y los glúteos son juegos eróticos prohibidos para los que aman a Dios, no han comprendido el concepto de intimidad integral. Es obvio que quien piensa que la relación sexual está limitada a un acto físico sin necesidad de tener un buen tiempo de caricias previo a la penetración, no ha entendido que es necesario el estímulo para la preparación, especialmente para la mayoría de las mujeres. Me parece muy paradójico lo que ocurre. En mi asesoramiento me he dado cuenta que algunas mujeres inician su relación sexual sin la debida preparación emocional, porque según ellas las caricias previas a la penetración no son sino un acto de perversión. Ellas no reciben la preparación que necesitan por tener una idea errónea.

Muchas mujeres se equivocan al pensar que es responsabilidad exclusiva del hombre estimularlas, pero la verdad es que debe existir autoestimulación y también, una disposición a recibir estímulo. Las relaciones sexuales saludables resultan de un compromiso personal sabio y un compromiso tierno y con conocimiento de los deseos y necesidades de nuestro cónyuge.

Las relaciones sexuales deben ser bien pensadas y debemos tener creatividad para evitar el aburrimiento. Algunos han pensado que deben tener su vida sexual en una rutina que más bien desanima. Muchos se acostumbran a besar, estimular los senos, acariciar el clítoris y creen que entonces la mujer debe estar lista para la penetración. Sin embargo, creo que esta es una forma muy impersonal e inefectiva de preparar a su cónyuge. Las mujeres no son estimuladas por un patrón rutinario. Aunque también debo decir que algunas sí prefieren las rutinas mientras que los hombres prefieren la exploración. Sin embargo, es sabio realizar cambios, y tener una buena y sabia imaginación. Un día ella puede disfrutar los besos, otro día puede preferir suaves masajes y el roce suave de la piel. Un día puede disfrutar sintiendo las caricias en sus senos y otro día que le besen el cuello y recorran su cuerpo con besos tiernos.

Este arte de la relación íntima entre un hombre y una mujer que se aman es una de las experiencias más encantadoras de la vida. Ese encuentro de cariño y amor puede ser muy profundo y estimulante. Las caricias son imprescindibles. Los besos no deben ser evitados pues tienen el potencial de permitir que enfoquemos toda nuestra imaginación en la persona con quien compartimos la delicia de los besos. Las palabras que exaltan el cariño que ambos sienten, decir que nos gusta el cuerpo de nuestra esposa, comentar sobre la satisfacción que estamos experimentado antes de la penetración no son actos de carnalidad y perversión, sino una parte importante y necesaria en el proceso de estimulación. Con libertad, sabiduría y prudencia los cónyuges deben ponerse de acuerdo para que realicen ambos una preparación con excelencia.

> *«Las caricias, los besos por todo el cuerpo y las palabras tiernas que comparten los cónyuges antes de la penetración no son un acto de carnalidad y perversión, sino una parte importante y necesaria en el proceso de estimulación».*

«Mi cónyuge no se preocupa por mi satisfacción».
Irma creció en una iglesia con una doctrina legalista. Vivió todo un mundo de restricciones y enseñanzas extremas. Cuando

nos conocimos no tenía ninguna duda que amaba a Dios, aunque su doctrina la llevaba a no demostrarlo. Su forma de vestirse, su cabello sin ningún corte y una larga trenza, y su cara sin maquillaje, mostraba lo que pensaba. Ella había decidido no permitir que «nada del mundo» impidiera su intimidad con Dios. Irma era una de las pocas que no encajaba con la vestimenta de la mayoría de las mujeres asistentes a mi conferencia. La mayoría se vestía profesionalmente. Cuando se terminó la conferencia, vi cómo hacía un gran esfuerzo para ir acercándose lentamente en medio de todas las mujeres que me rodeaban. La observé mientras lo hacía y me moví rápidamente en medio del grupo que conversaba conmigo pues noté que Irma fue vencida por el temor e intentaba marcharse. Con cariño la tomé de un brazo y le dije: «No te vayas, te atiendo en un minuto». Era una mujer bonita. Sin maquillarse evidenciaba belleza. Pensé que no necesitaba nada para mejorar su rostro, aunque un lindo peinado y un hermoso corte de pelo la dejarían en una condición envidiable para otras mujeres. Se ruborizó cuando me acerqué a ella y le hablé. Se quedó allí esperándome entre paralizada o confundida. La observé con atención mientras pasaban los cuatro minutos más que necesitaba para terminar la conversación. Se notaba que para ella era una experiencia inusual. No sabía si estaba emocionada o intimidada. Finalmente iniciamos nuestra conversación.

Comenzó dándome muchas explicaciones de porqué no se había acercado: «no quería molestar», «usted está muy ocupado», «tenía mucha gente alrededor», «tal vez mi caso nunca lo ha escuchado» «tengo vergüenza de preguntar sobre lo que me está afectando», fueron algunas de sus declaraciones. Allí la detuve. Le dije: «Me interesa tener casos nuevos y me encanta que se acerque la gente que tiene vergüenza, pues cuando alguien tiene temor y se acerca, es lógico que hubo algo en nuestra relación que le dio confianza. Ahora, ya estás frente a mí y no te dejaré ir sin que hables de tu situación». Respiró profundamente, no sé si por alivio o por temor, y luego comenzamos nuestro diálogo. Le daba mil vueltas al asunto. Ante mis preguntas de enfoque sentía un poco de incomodidad. Pero llegó el momento en que de la misma forma en que brotaban lágrimas a raudales, así también comenzó a sacar el dolor de su corazón. Al final, ya había comprendido algo de su dolor y preocupación. Irma era una mujer que amaba a Dios y quería obedecerle, pero le habían enseñado mal. No solo que en su iglesia nunca habían tocado el tema apropiadamente, sino que también condenaban ciertos aspectos de la vida sexual perfectamente permitidos por la palabra de Dios. Su mundo de tabúes había puesto en peligro su matrimonio, no porque tenía un marido malo que rechazaba a Dios, sino porque tenía un marido que amaba a Dios, pero estaba frustrado e insatisfecho en su vida sexual debido al mundo de ignorancia en el que ella vivía. Me entristeció notar que estas personas generalmente creen que su cónyuge es el culpable de la destrucción de su matrimonio y ellas se sienten como redentoras o como almas tristes y sacrificadas que están pasando una dura prueba.

El proceso de asesoramiento duró algunos meses, y entre las muchas consultas que me hizo, y que son relevantes al tema que estoy tratando, me confesó que odiaba lo que sentía. «Siento que mi marido solo quiere satisfacer su necesidad y no se preocupa por la mía». Mientras más conversábamos más quería convencerme de que su marido la usaba para tener sexo y que muchas veces ella no sentía nada. «Es un buen hombre, pero me anda tocando constantemente y cuando tenemos relaciones sexuales, quiere tocar mis partes privadas. Hasta se ha atrevido a pasar su lengua cerca de mi ombligo y si no lo detengo quiere seguir bajando». Era fácil darme cuenta de la paradoja que existía. Por una parte, Irma se quejaba que su marido no se preocupaba de ella y solo tenía sexo, pero por otro lado cuando él quería estimularla por medio de caricias en su clítoris y besos en su vientre y zona pélvica, ella se resistía. El problema de Irma estaba en su mente, en su mala formación, en su concepción errónea de la vida sexual y ella misma era el obstáculo para su satisfacción. Su negativa para disfrutar sabiamente de la relación sexual, sus complejos y su mala formación le llevaron a rechazar cada vez más a su marido. Ella quiso hablar conmigo porque creía que su marido se estaba alejando y por ello estaba poniendo en peligro su vida matrimonial. La realidad era que ella estaba lejos de su marido por su ignorancia y esto estaba provocando que él se alejara lentamente poniendo así en peligro el matrimonio.

Existen personas que no entienden que la estimulación es una parte importante en la relación sexual. Por supuesto que existen casos extremos. Es inapropiado y no cumple con el diseño divino, el hombre o la mujer que se va al extremo de querer satisfacer su imaginación, sin restricciones ni orden. También es inadecuado que, sin la preparación emocional y física necesaria, solo se realice la penetración lo antes posible. Esto convierte a la pareja en un par de máquinas que solo se juntan para tener sexo. Ambos extremos son malos.

Las caricias previas —realizadas con delicadeza, sujetas a la más alta moralidad y sin caer en los extremos de manipulaciones dolorosas o sucias— no solo son buenas, sino que son indispensables, especialmente para la mujer que necesita más estimulación previa. Esa conducta sabia, tierna y cuidadosa debe siempre preceder a la penetración en la relación sexual. Esto no es un «juego», sino una necesidad especialmente para la mujer que no experimenta excitación rápidamente. Para tener una erección y luego disfrutar de satisfacción, la mayoría de los hombres no necesita de caricias, aunque es saludable y sabio recibirlas. Somos estimulados rápidamente por lo que vemos. Podemos conseguir eyacular penetrando rápidamente a la mujer, aun sin que ella haya lubricado lo suficiente por falta de excitación. Pero eso no solo hiere físicamente a la mujer, sino que además la hiere emocionalmente. Dios la diseñó para recibir actos de ternura que le preparen para la penetración y su satisfacción. Muchas mujeres detestan las relaciones sexuales por la rapidez con que el hombre quiere iniciar y terminar. Sin embargo, también existen muchas mujeres que por sus convicciones e ideas erróneas, no solo evitan y rechazan, sino que actúan erróneamente con ellas mismas, por rechazar algo permitido por Dios y necesario para tener una buena intimidad.

Quienes entendemos que la relación sexual depende en gran manera de la preparación de nuestra mente, de la conexión amorosa entre los cónyuges y la ternura expresada a través de nuestras emociones, sabemos lo importante que es tener un tiempo previo de caricias, buen trato y ternura. Quienes comprendemos que la respuesta física depende de la buena intimidad espiritual y emocional, creemos que las caricias y la ausencia de pecado de los cónyuges son fundamentales para una relación íntima integral y saludable. Quienes entendemos que el diseño de Dios determinó que la mujer necesite un tiempo apropiado de preparación antes de la penetración y cumplimos con nuestra responsabilidad de tener empatía con las necesidades de nuestro cónyuge, sabemos que las caricias, los besos y todo lo que contribuya saludablemente a su excitación, no es una opción, sino una obligación.

> *«Quienes entendemos que la relación sexual depende en gran manera de la preparación de nuestra mente, de la conexión amorosa entre los cónyuges y la ternura expresada a través de nuestras emociones, sabemos lo importante que es tener un tiempo de caricias, buen trato y ternura. La preparación previa a la penetración no es una opción sino una obligación».*

«Mi cónyuge no es muy espiritual pues quiere mucha actividad carnal».

Como expliqué en el primer capítulo, existen muchos cristianos que tienen una confusión con respecto a la carnalidad. Algunos cónyuges bien intencionados, pero mal instruidos, acusan de «carnalidad» cuando realmente es un acto permitido por Dios y que no incluye pecaminosidad. No es carnalidad desear tener relaciones sexuales con mayor frecuencia que su cónyuge. Dios nos hizo diferentes y tenemos necesidades distintas. Un cónyuge puede ser muy activo sexualmente y otro más pasivo, pero eso no significa que uno es más pecador que el otro. No existen dos personas iguales, por lo tanto, no existen dos cónyuges iguales. De la misma manera que cada uno tiene diferentes gustos en la comida, que uno tiene más apetito y come más, así también existe diferencia en el apetito sexual. Uno de los cónyuges puede desear mucha más actividad sexual que el otro y eso no hace a ninguno peor ni mejor que el otro.

El hecho de que su esposo bromee con comentarios sexuales, haga chistes cuando están solos en casa, o a escondidas en el supermercado le toca alguna parte de su cuerpo, no le convierte en un degenerado. El hecho de que quiera tener relaciones sexuales cada vez que la besa y la acaricia, no le hace un carnal. Se convierte en un carnal cuando alimenta su pasión natural con pornografía y le presiona para que usted haga lo que no debe. Se convierte en carnal cuando no respeta sus deseos, cuando estos son equilibrados, e insiste en tener relaciones sexuales cada vez que él quiere, aunque usted no esté preparada. Pero también la mujer está respondiendo a los deseos de su carne cuando quiere hacer lo que le da la gana sin tomar en cuenta las necesidades naturales de su marido. Ella se convierte en carnal cuando por desinterés, por concepciones erróneas o rebeldía, se opone a tener relaciones sexuales regularmente con su marido. Ella está dando gusto a los deseos de su carne y no está dispuesta a cumplir lo que Pablo define como «su deber conyugal».

Es sabio e imprescindible que ambos cónyuges se pongan de acuerdo. Este acuerdo inteligente debe tomar en cuenta la disposición, el gusto y las necesidades de ambos. No deben llegar al acuerdo de tener relaciones sexuales una vez al mes porque el cónyuge menos activo así lo desea. Tampoco deben acordar tener relaciones sexuales de mañana y noche porque el cónyuge más activo así lo anhela. Deben llegar a un acuerdo que ponga en equilibrio los deseos, que obligue al dominio propio al cónyuge más activo y a una entrega más regular al cónyuge menos activo. Es esencial que los cónyuges se ajusten a un horario que les permita a ambos tener un equilibrio y ninguno sentirse presionado, ni por lo que uno de ellos puede considerar la falta de actividad ni por lo que el otro puede considerar excesiva presión.

Recuerde que Dios diseñó las relaciones sexuales para que se practiquen regularmente. Ninguno de los cónyuges tiene el derecho de suspenderlas porque le da la gana o porque así piensa que debe ser. Ningún cónyuge tiene el derecho de evitar las relaciones sexuales, ni tampoco de imponer su ritmo a pesar de que su cónyuge es diferente. Es pecado tener fantasías con otras personas y obligar al cónyuge a ver pornografía para estimularse. La forma en que utilizamos nuestro intelecto afecta lo que llevamos a la relación sexual. Es pecado manipular, intimidar, obligar a acciones groseras y dolorosas. Pecado es obligar a su cónyuge a tener relaciones sexuales anales que van en contra de los conceptos bíblicos de pureza. Sin embargo, no es un acto de carnalidad ser más activo en su sexualidad dentro de los principios bíblicos y con respeto a su cónyuge. Usted y su pareja son libres para involucrarse en cualquier actividad sexual si es que ambos están de acuerdo, si no viola los mandamientos bíblicos y si no afecta su relación con Dios y su relación mutua.

> *«No es pecado desear tener mucha actividad sexual, ni tampoco es pecado la poca actividad sexual. Esas son solo respuestas naturales de seres humanos diferentes que deben amarse y ponerse de acuerdo sabiamente. Es pecado manipular y obligar a tener relaciones sexuales y de la forma que su cónyuge no quiere, o negarse a tener intimidad pese a que su cónyuge lo necesita, y solo porque no comprende ni ha desarrollado su necesidad».*

«Tener mucho sexo es una exageración y por lo tanto, es pecado».

He escuchado a líderes y cónyuges que opinan que una persona espiritual debería evitar la práctica sexual muy continua. Ese consejo no es compartido por el apóstol Pablo y es contrario a la enseñanza bíblica. El apóstol Pablo aconseja a los casados que cumplan con su deber conyugal. La implicación es que ninguno de los cónyuges debe negarse. Está diciendo en palabras sencillas:

«Tengan relaciones sexuales apropiadas y con regularidad». Él exhorta a los cónyuges a que no se separen sexualmente. Además, la única razón por la cual Pablo abre la oportunidad de una separación momentánea es la determinación a orar, pero aun esta determinación no puede ser tomada en forma unilateral. Pablo dice que tiene que ser de común acuerdo y no por muy largo tiempo para evitar que el cónyuge más activo sexualmente caiga en la tentación de buscar satisfacción en forma impura. Este versículo ha movido a algunos a pensar que si la persona va a orar es mejor que no tenga relaciones sexuales o que puede parar sus relaciones sexuales sin consentimiento de su cónyuge si va a dedicarse a tener comunión íntima con Dios. En mi opinión esta enseñanza es errónea. Las relaciones sexuales son como cualquier otra necesidad del hombre. Piense en su necesidad de alimentos. Si alguna persona no desea comer a pesar de tener hambre, es su decisión hacerlo, sea que le perjudique o no. Si una persona no desea comer porque está trabajando contra el reloj en algún proyecto, ese es su problema. Si lo hace por una determinación propia y tiene la posibilidad de hacerlo, no hay problema, pero sufrirá las consecuencias. Pero en ningún caso tiene derecho de negar la alimentación a quien no ha decidido evitarla. Debido a que la satisfacción sexual que necesitamos —de acuerdo a la Biblia— solo podemos satisfacerla con nuestro cónyuge, no tenemos derecho a suspender las relaciones sexuales unilateralmente y sin razón bíblica.

«El pecado de nuestros primeros padres fue un pecado sexual».

Esta idea no es consistente con la enseñanza bíblica. Ese pensamiento erróneo es producto de una mala interpretación o la ignorancia. El sexo no es el pecado que cometieron Adán y Eva. Su pecado fue la rebelión, su desobediencia a Dios. Por su rebelión experimentaron serias consecuencias. La primera pareja tuvo intimidad antes de que cometieran pecado. Nos dice Génesis que Dios ordenó a Adán y Eva ser el modelo de matrimonio para todas las generaciones futuras. Podemos notar que lo que Dios enseñó a Adán y Eva era una enseñanza para todos los matrimonios que existirían de allí en adelante. En Génesis 2.24 dice que Dios dijo a Adán «dejará el hombre a su padre y a su madre, y se unirá a su mujer». Ese no fue un mandamiento exclusivo para ellos, sino para todos nosotros. Dios no pidió exclusivamente a Adán y Eva que abandonaran a sus padres para vivir en matrimonio. Recuerde que ellos no tenían padres terrenales. En primer lugar, Dios ordenó separarse de sus padres. Esto se llama el «principio de separación». Dios dijo: «Dejará el hombre a su padre y a su madre» porque para lograr tener un matrimonio saludable es necesario vivir solos y disfrutar de su relación sin interrupciones, presiones u opiniones de quienes no deben dirigir la nueva relación conyugal. El matrimonio debe desarrollarse en un contexto de intimidad entre los cónyuges sin la intervención de otros, ni siquiera los padres.

El segundo mandato fue: «Se unirá a su mujer». Esto es lo que llamo el «compromiso matrimonial». Debe haber un compromiso a permanecer juntos hasta que la muerte los separe y no hasta que las emociones se enfríen. Deben permanecer juntos a pesar de los conflictos y las diferencias que tengan. A pesar de que aparezcan otras mujeres y otros hombres más atractivos y afines. Dios definió la relación conyugal como permanente, y se logra la permanencia manteniendo el compromiso de amar al cónyuge a pesar de las circunstancias.

En tercer lugar, Dios dijo a Adán y a Eva: «Y serán una sola carne». Esto habla de la unidad que debe existir en la pareja. Dios dice que ambos cónyuges deben desarrollar la unidad. Deben conversar, llegar a acuerdos, apoyarse, hacer cambios, mejorar, comunicarse, corregirse, exhortarse para poder lograr vivir en unidad. Esta unidad no es solo económica o para la crianza de los hijos, sino una unidad total, incluyendo las relaciones sexuales. Los cónyuges deben conversar y ponerse de acuerdo. Deben conocerse y entender las necesidades de la persona que aman, y desarrollar su vida sexual en unidad y no bajo la imposición de los gustos y deseos personales.

Ahora bien, note que la Biblia nos relata también que Adán y Eva estaban desnudos y no se avergonzaban. Ellos tenían una relación de intimidad. Recuerde que a ellos se les ordena que sean fructíferos y que llenen la tierra. Por medio de las relaciones sexuales, que es el método elegido por Dios, ellos debían tener hijos. Debían cumplir la orden divina de tener hijos, pero Dios soberanamente determinó que ese acto no fuera solo un encuentro de cuerpos sin sensaciones. Él estableció el placer y disfrute de la vida sexual.

Adán y Eva tenían intimidad. Ninguno de los dos tenían nada que ocultar. Ambos tenían una gran apertura emocional y espiritual. No se avergonzaban por sus cuerpos ni por su desnudez. Su pecado no fue tener relaciones sexuales. Más bien, habrían pecado si se hubieran resistido a tenerlas pues tener relaciones sexuales y tener hijos eran mandatos divinos. También fue una orden que no comieran del árbol de la ciencia del bien y del mal, y ese acto de desobediencia fue el que trajo el conflicto que produjo la separación de Dios. Ese pecado creó una conciencia propia en el hombre; es decir, por primera vez sintió el profundo interés de pensar en sí mismo más que en su cónyuge. Por primera vez nació un conflicto entre él y su pareja.

La consecuencia de ese acto de desobediencia fue que el hombre trataría de enseñorearse permanentemente de la mujer. En vez de actuar con autoridad, existe la tendencia varonil de actuar como un tirano. La consecuencia que experimentó la mujer fue que ésta viviría tratando de usurpar la autoridad o teniendo dominio de su marido. Por ello, generalmente existe una lucha de poder en la vida matrimonial.

> *«Adán y Eva no pecaron porque tuvieron relaciones sexuales; pecaron porque desobedecieron. Más bien, habrían pecado si se hubieran negado a tener relaciones sexuales pues Dios les ordenó que tuvieran hijos y Él determinó soberanamente que fuera por medio de un acto sexual. También fue decisión divina que exista placer en forma natural y que la pareja disfrute de la vida sexual».*

La Biblia nos enseña que las relaciones sexuales no fueron el pecado de nuestros primeros padres. Más bien, el sexo es creación y diseño de Dios. El Señor nos anima a que lo disfrutemos, y fue ordenado por Dios como un acto que ninguno de los cónyuges debe evitar ni tampoco debe ser suspendido unilateralmente. Es fácil comprobar que esa orden divina no ha sido cambiada, pues aun el Nuevo Testamento no se legisla en contra de la relación sexual matrimonial, sino que se establece un orden y se muestra la obligación a que los cónyuges cumplan su deber conyugal.

Recuerdo una ocasión en que estaba dictando conferencias en un país latinoamericano y una pareja me invitó a su casa. Allí el hombre comenzó a hacer preguntas. Una de las preguntas más importante era precisamente con respecto a la relación sexual. A su esposa le habían enseñado que debía evitar las relaciones sexuales lo más posible para que así pudiera vivir una mejor espiritualidad. Después de conversar con ellos, mostrar bíblicamente el error de su esposa y ella darse cuenta del error que estaba cometiendo, recuerdo la alegría que se dibujó en el rostro del jefe del hogar. Con mucha emoción me dijo: «Pastor, creo que voy a tener que hacerle un monumento por venir a destruir estas concepciones erróneas». Me sentí satisfecho de haber podido cumplir con mi deber bíblico de instruir sabiamente y con fundamento bíblico. Creo que esa es mi tarea.

Es muy posible que haya personas que no estén de acuerdo con lo que estoy enseñando. Sin embargo, después de una intensa investigación personal y los estudios realizados por otros grandes líderes y hombres de Dios, amantes de la familia, amantes de la relación conyugal y amantes de la palabra de Dios, he llegado a conclusiones que son parte de mis convicciones y por eso quiero compartirlas con ustedes.

Una palabra de ánimo para cada uno de ustedes: los errores pueden cambiarse y como pareja pueden aprender a tener relaciones sexuales estimulantes y saludables. Admita su ignorancia y busque buen material de enseñanza en las áreas que tienen conflicto en su vida sexual. Primero estudie la palabra de Dios con mucha dedicación. Además, adquiera casetes, videos y buenos libros escritos por grandes líderes, hombres y mujeres de Dios, que pueden orientarle en sus áreas de conflicto.

«¿Para qué enseñar sobre sexo? Si Dios lo creó naturalmente, naturalmente lo aprenderemos». Un típico hombre machista me dijo: «Nadie me enseñó a llorar, aprendí a hacerlo en forma natural. ¿Por qué cree usted que alguien tiene que enseñarme a tener relaciones sexuales? Si, como usted dice, Dios las diseñó, entonces aprenderé naturalmente». Es cierto que nadie nos enseñó a llorar. Sin embargo, sí nos enseñaron a hacerlo adecuadamente. No debemos llorar por todo. No debemos vivir llorando. No debemos hacer un show para llorar. No debemos evitar el llanto siempre. No debemos llorar por cosas innecesarias. De igual manera, el *deseo* de tener relaciones sexuales puede venir naturalmente, pero el *cómo* debemos hacerlo no debe quedar a expensas de la pecadora y extrema imaginación humana.

Recuerdo una dama que me contó lo que su madre le dijo cuando le preguntó sobre la vida sexual. Con mucha frialdad le respondió: «No te preocupes por eso porque esas cosas son absolutamente naturales. Nadie te enseñó a orinar. Te enseñamos a tener control de tu cuerpo, pero nadie te enseñó cómo hacerlo. De la misma forma, te enseñamos a que debes tener control de tu cuerpo y no tener relaciones sexuales prematrimoniales. Lo demás vendrá naturalmente». Este concepto no es solo erróneo, sino muy dañino. La única forma que podemos aprender a disfrutar de una verdadera satisfacción sexual en el matrimonio es educándonos. Debemos recibir información. Esa información se va a unir a la experiencia y a la práctica en la vida conyugal y poco a poco vamos perfeccionándonos en nuestra vida sexual.

Mi profesión me expone a los problemas que experimentan los cónyuges y muchas veces me he dado cuenta del extraordinario nivel de ignorancia que existe todavía hoy día. He aconsejado a hombres que han amado a Dios, que son grandes líderes. He aconsejado a mujeres que dedican gran cantidad de su tiempo a la vida de la iglesia, aman a Dios y oran con frecuencia, pero que tienen serios problemas en su vida sexual pues nunca han buscado instrucción. Esto las lleva a cometer errores lamentables y destructivos, a pesar de sus buenas intenciones.

> *Es deber de los líderes de la iglesia enseñar el consejo de Dios sobre la vida sexual. De otra manera, los cónyuges aprenderán solo lo que enseña la sociedad y practicarán su sexualidad conforme a las falibles ideas humanas y no conforme al infalible plan de Dios».*

«Odio que en nuestro matrimonio no tengamos el mismo interés».

Creo que a todos nos desagrada que no pensemos igual y que no tengamos el mismo interés sexual. Sin embargo, esa es la maravilla de las relaciones conyugales. Ese es el más grande desafío. Debemos aprender a tener empatía y a comprender las necesidades ajenas. Pablo dice que mi cuerpo no es mío, sino de mi esposa, y que el cuerpo de mi esposa es mío. Por ello tengo la obligación de entender las necesidades del cuerpo de mi esposa y ella del mío. Ambos debemos ser sensibles y prepararnos para poder suplirlas. Dios fue muy sabio. De esta manera, el matrimonio no es el lugar para obligar a que satisfagan mis necesidades porque yo las comprendo y quiero satisfacerlas. El matrimonio es la relación maravillosa que me permite amar a una persona distinta y por ese amor buscar la forma de comprender sus necesidades y ser un instrumento de ayuda para su satisfacción, sin descuidarme también de mis necesidades.

Ricardo me decía que su padre le había dicho que cuando la pareja es cristiana y se deja guiar por el Espíritu de Dios, ambos van a tener unidad. Su papá añadía que parte de esa unidad era que ambos se darían cuenta cuando estaban listos para tener relaciones sexuales. Ricardo estaba muy frustrado porque él siempre estaba listo para tenerlas, pero su esposa rara vez lo estaba. Por supuesto, la orientación era incorrecta. Los deseos sexuales no son contagiosos. No porque uno tiene interés en tener una relación sexual, el otro se contagia. La inclinación sexual es un apetito, y así como diferimos en nuestro apetito por alimento, también somos diferentes en nuestros apetitos sexuales.

«Los deseos sexuales no son contagiosos. Es imposible que ambos cónyuges tengan los mismos deseos y coincidan plenamente en la frecuencia de sus relaciones sexuales. Debido a esta imposibilidad, es imprescindible que ambos se comprendan, abandonen su egoísmo y lleguen a un buen acuerdo que les permita la unidad que es necesaria para la intimidad».

Dios nos hizo biológica, anímica y emocionalmente diferentes. Debemos entender que las hormonas de la mujer funcionan en diferente tiempo y forma que las del hombre. Lo que debemos hacer es trabajar en forma coordinada para poco a poco ir encontrando unidad. De esta forma podremos coordinar con sabiduría la frecuencia, el cómo y el cuándo debemos tener nuestras relaciones sexuales.

La verdad es que usted puede sobrevivir sin sexo, pero no puede sobrevivir sin alimentos. La respuesta a la necesidad de alimentarse debe ser permanente e inmediata, mientras que la vida sexual puede planificarse tomando en cuenta los gustos de los cónyuges. ¡Por esto los cónyuges sabios aprenden a vivir en acuerdo!

El cónyuge que tiene más deseos sexuales y necesita mayor frecuencia, desarrolla un mayor dominio propio para no forzar a la misma frecuencia a quien tiene menos apetito sexual. De igual forma, el cónyuge que tiene menos apetito sexual tiene que pensar en su pareja y buscar una mayor frecuencia de la que desea, hasta que ambos encuentren un término medio. Es muy difícil que ambos cónyuges tengan el mismo interés y se encuentren automáticamente cuando ambos sienten deseo. Por ello debe existir comprensión mutua y un profundo anhelo de encontrar la frecuencia que supla las necesidades de ambos.

«Las relaciones sexuales deben ser libres y espontáneas». Esta es una de esas ideas que solo se enseñan en las películas. En ellas vemos que un hombre y una mujer cruzan sus miradas y se sienten atraídos de inmediato. Después de pasar un tiempo tomando en un bar o paseando, se van inmediatamente a la cama y parecen tener las mejores relaciones sexuales del mundo. En la vida real, el sexo puede ser espontáneo pero la intimidad requiere preparación. El sexo y la satisfacción corporal pueden ser espontáneos en una relación de amantes. Por lo regular, ambas partes han postergado por mucho tiempo su pasión sexual y esto ha incrementado la expectación y el deseo. Esto provoca la extraordinaria pasión de su encuentro sexual. Sin embargo, en la relación matrimonial, debe existir preparación, anticipación, guía y acuerdo. En algunas ocasiones —cuando los cónyuges han aprendido a disfrutarse mutuamente y a tener libertad de acercamiento— pueden conectarse de inmediato y desear tener relaciones en un momento. Sin embargo, generalmente es asunto de preparación. En ciertas ocasiones, ambos cónyuges están tan necesitados y preparados, que el encuentro sexual se torna espontáneo y satisfactorio. No obstante, esta es una excepción a la regla. Por lo general debemos prepararnos para tener relaciones sexuales buenas y constructivas.

No existe una fuerza erótica misteriosa que los va a poner a los dos en el mismo momento y con el mismo deseo de tener relaciones sexuales. Aunque pueden existir momentos en que las relaciones sexuales pueden ser libres y se buscan espontáneamente, generalmente es el resultado de una buena planificación.

La espontaneidad puede tener un lugar cuando la pareja tiene orden, respeto y acuerdos. La espontaneidad siempre lleva a la falta de preparación y las relaciones sexuales, sin una previa preparación, conducirán a la rutina y la decepción. El estudio, la planificación, los acuerdos y la aplicación de buenas técnicas dentro de los límites bíblicos de la moralidad son esenciales para una vida sexual saludable. Estoy convencido que las actividades sexuales deben ser planificadas con sabiduría, anticipación y regularidad, y que dentro de esa planificación pueden existir momentos de espontaneidad. Puede existir sorpresa y creatividad y en forma espontánea se puede expresar la pasión. Sin embargo, esto debe darse dentro de un marco de vida sexual organizada. Si sus relaciones sexuales son siempre en el mismo lugar, en la misma posición y con las caricias acostumbradas se convertirán en rutinarias. Es cierto que generalmente para muchas mujeres es más difícil utilizar su imaginación para la vida sexual y la pasión, pero no debe ser una excusa para no tener acciones espontáneas que demuestren su interés personal y permitan el desarrollo de su pasión en la intimidad conyugal.

«En la vida real, el sexo puede ser espontáneo pero la intimidad requiere preparación. Las relaciones sexuales deben ser planificadas con sabiduría, anticipación y regularidad, aunque en su realización con orden y planificación, pueden existir hermosos momentos de espontaneidad».

«Todo se inicia en la luna de miel. Lo que comienza mal acaba mal».

La realidad nos indica que no todo lo que comienza bien termina bien y no todo lo que se inicia mal termina mal. He sido testigo de matrimonios y relaciones sexuales que se iniciaron en un contexto pecaminoso, pero que después con la ayuda y orientación de los consejos bíblicos, los cónyuges han aprendido a vivir una vida hermosa y satisfactoria.

Muy pocas experiencias humanas parten en un nivel muy alto y luego van decreciendo. Generalmente es al revés. Todo parte en su nivel más bajo y de allí es nuestra responsabilidad prepararnos para elevar la marca y conducirnos hacia la madurez.

Creer que la luna de miel debe ser la experiencia sexual más grandiosa de la vida es un serio error. Si es la primera vez que la pareja tiene relaciones sexuales —tal como la Biblia espera— y ambos disfrutan de su virginidad, entonces, la pareja es inexperta. Aún no han entendido, en la práctica, lo que es la vida sexual y, por lo tanto, es la primera de miles de ocasiones que van a tener en el matrimonio. Esa práctica constante les ayudará a seguir adquiriendo conocimiento, experimentando y aprendiendo juntos, para tener relaciones sexuales saludables y al estilo bíblico. La joven pareja va a continuar estableciendo un sistema de acoplamiento. Cada uno va aprendiendo y mientras más espontánea es la comunicación, mientras más pureza y respeto existe, más expertos se harán en sus relaciones sexuales.

Para quienes decidieron vivir en obediencia a Dios y no tener relaciones sexuales antes del matrimonio, la luna de miel es la primera experiencia. La meta de esos novios no debe ser tener su primera relación íntima y encontrar en ella lo más grandioso y una satisfacción simultánea. Son pocas las parejas que lo logran en la primera oportunidad. Si la pareja es primeriza en sus relaciones sexuales —e insisto en que esto es lo que espera la Biblia— los cónyuges pueden sentir algo de molestia física, vergüenza, temores, y eso impide la preparación sicológica necesaria. Además, la pareja no conoce bien las diferentes técnicas para mejorar la relación sexual.

Ustedes son los responsables de crear una atmósfera saludable para tener una luna de miel apropiada. La influencia más grande, sea negativa o positiva, la recibimos de nuestra mente. Ella controla nuestro cuerpo y determina qué pensamos acerca del sexo, qué sentimos y cómo respondemos a los estímulos que recibimos. Por esto, llegar a la luna de miel con conceptos y expectativas erróneas es un grave error.

En la luna de miel compartimos por primera vez nuestros cuerpos en forma íntima. Tenemos toda la libertad para disfrutarlo, pero como generalmente no se ha hablado del tema en detalle, cada uno tiene gustos, ideas y expectativas muy diferentes. En ese momento, no solo se unirán sus cuerpos —que es quizás la parte más fácil— sino que también se unirán sus emociones y espíritus. Cada uno de los cónyuges tiene pensamientos, emociones, ideas, expectativas muy diferentes. En ese encuentro pueden ocurrir decepciones, pero deben recordar que es la primera vez de muchas ocasiones que tendrán para amarse íntimamente.

Muchas parejas han confesado su dolor debido a las consecuencias que están experimentando por haber cometido serios errores en la luna de miel. Me han dicho que sus problemas o comenzaron en la luna de miel o después de ella, y luego los han ignorado por años debido a la falta de instrucción o a la falta de deseo de cambio. Muchos de esos problemas se hubieran prevenido de haber tenido la adecuada información concerniente a la luna de miel, la vida sexual y sobre qué esperar de la vida matrimonial. El dolor y la decepción que han experimentado podrían haberse evitado si alguien con sabiduría les hubiera enseñado bíblica y sinceramente a comunicarse sobre la vida sexual. Si alguien les hubiera guiado con amor en ese proceso de discutir, negociar, y llegar a acuerdos sobre cómo disfrutar de su vida sexual se hubieran evitado muchos conflictos y frustraciones.

«La relación sexual en la luna de miel debe ser la primera de muchas experiencias. Es el inicio de una vida íntima que debe ir mejorando paulatinamente. Mientras más abierta es la comunicación, mientras más pureza y respeto exista, mientras más información bíblica reciban y mientras más comprensión tengan, más aprenderán a tener relaciones sexuales saludables».

«Es un pecado tener relaciones sexuales durante el período menstrual».

Es triste que todavía existan personas que piensan que deben aplicar las leyes del Antiguo Testamento a sus experiencias actuales. Levítico 12.2 dice: «Habla a los hijos de Israel y diles: La mujer cuando conciba y dé a luz varón, será inmunda siete días; conforme a los días de su menstruación será inmunda».

Tal vez se pregunte por qué era considerada inmunda la mujer por una semana cuando daba a luz a un niño y dos semanas cuando tenía una niña. O puede preguntarse por qué era inmunda en su menstruación. Me parece sorprendente que quienes quieren declarar que esto es válido para nuestra época, tomen ciertos versículos y los apliquen en forma literal. Sin embargo, no aplican otros versículos que hablan de otros temas que ellos prefieren ignorar. Por ejemplo, se consideraban inmundos el erizo, el cocodrilo, el lagarto, la lagartija y el camaleón. Estos animales debían ser tenidos por inmundos y cualquiera que los tocaba era inmundo. El que tocaba un cadáver también era inmundo, pero quienes explican que tener relaciones sexuales durante la menstruación es pecado, no aplican estas otras enseñanzas a nuestros días.

En Levítico 15.19 dice: «Cuando la mujer tuviere flujo de sangre, y su flujo fuere en su cuerpo, siete días estará apartada; y cualquiera que la tocare será inmundo hasta la noche».

Una mujer que daba a luz o que estaba en su periodo menstrual era considerada inmunda y probablemente se debía a las emisiones y secreciones corporales que ocurren en esos momentos. Estas eran consideradas impuras y hacían que la mujer no pudiera ingresar a los alrededores puros del tabernáculo.

En Levítico 15.18 dice: «Y cuando un hombre yaciere con una mujer y tuviere emisión de semen, ambos se lavarán con agua, y serán inmundos hasta la noche».

Inmundo no significaba que era pecaminoso o sucio. Dios no había determinado que el sexo o la procreación fueran actividades inmundas. Este versículo no implica que el sexo sea impuro o repugnante. Dios creó el sexo para la procreación y para el placer de las parejas casadas. Dios está preocupado de la salud y la dignidad de las personas. La experiencia sexual y el encuentro de los cuerpos de acuerdo a los principios divinos son prácticas buenas. Para los israelitas, el baño era la respuesta física de salud. El ser purificado o limpiado era la respuesta espiritual de dignidad.

La verdad es que la experiencia dice que algunas mujeres experimentan su más alto deseo sexual durante el período de menstruación y el embarazo. Tal vez esto ocurre porque no han tenido los traumas ni han recibido información errónea de otras personas. Algunas mujeres pueden experimentar un gran nivel de satisfacción pues no tienen miedo de quedar embarazadas y están más tranquilas. Sin embargo, este es un asunto que debe ser producto del acuerdo de la pareja. Otros argumentos deben pesar más en la decisión. Pueden pensar en la higiene, la incomodidad, lo delicada que puede estar la vagina de la mujer y otros factores. En mi concepto, ningún hombre debería forzar a su esposa a tener relaciones sexuales durante su período de menstruación. Más bien, el esposo debe ser tan amoroso y comprensivo que entienda que la decisión de tener o no relaciones sexuales durante ese período debe ser de quien está experimentando las incomodidades, los dolores, los cambios emocionales y las molestias que acompañan a la menstruación.

Los hombres debemos tener en cuenta que todos tenemos una respuesta diferente a nuestra propia necesidad sexual y la menstruación tiene una influencia en esa diferencia. Los cambios que existen en las glándulas de secreción interna influenciarán la decisión de una mujer de tener o no relaciones sexuales. Es necesario entender que la menstruación tiene efectos en la conducta y las emociones de la mujer. Lo que siente es incontrolable. Existen más accidentes, más suicidios, más irritación, más tensión en las relaciones y falta de concentración debido a la influencia de la menstruación. Existen cambios en el estado anímico y físico de la mujer. Esta realidad debe ser considerada con mucho amor y comprensión por un hombre que no desea que su esposa se sienta usada, sino que anhela que se sienta amada. La mujer también debe manejar esta realidad con sabiduría, y no como una excusa para alejarse de su marido y no tener relaciones sexuales por semanas. Es cierto que existen muchos cambios y que el hombre debe ser prudente y considerado, pero también es cierto que la mujer tiene la obligación de aprender a manejar sus emociones de tal manera que éstas no la manejen a ella. Así como el marido tiene la responsabilidad de manejar la irritabilidad, molestia, o enojo que pueden producir los problemas en el trabajo, así también la mujer debe aprender a manejar los efectos de su menstruación.

Las esposas sienten más alegría y apoyo cuando tienen un esposo que demuestra en la práctica que se preocupa de sus necesidades. Es estimulante que el esposo, al conocer los efectos físicos y emocionales de la menstruación, aprenda a planificar ese periodo para ser una ayuda y no otra fuente de irritación precisamente cuando ella no necesita otra presión.

Él puede planificar satisfacer la necesidad de descanso de ella y ayudar más en las tareas del hogar. Puede evitar las discusiones, pues no sería el mejor, y ella de seguro no estará preparada para tener reacciones muy equilibradas. El esposo debe planificar satisfacer su necesidad de afecto y de cariño, aunque ella no desee ni quiera tener relaciones sexuales y no estará lista sino después de unos tres o cuatros días. Él debe aprender a alejarse de la esposa cuando por su hipersensibilidad ella necesita espacio, y no sentirse rechazado porque ella haya decidido que quiere estar sola por unas horas.

> *«Tener relaciones sexuales con su cónyuge durante la menstruación no es pecado. Tenerlas o evitarlas debe ser el resultado de un acuerdo al que han llegado con amor y sabiduría los cónyuges. Recuerde que es un período en que la mujer no solo desea descansar y experimenta una reducción en su energía física y emocional, sino que también es cuando más necesita cariño, aprecio, comprensión y apoyo físico, emocional y espiritual».*

En el caso de las relaciones sexuales durante el embarazo, los cónyuges también deben llegar a un sabio acuerdo que incluye las opiniones de ambos y el consejo profesional de un médico. Sí es posible tener relaciones sexuales y existen posiciones distintas que ayudan a tener más comodidad a la mujer mientras está en estado de embarazo. En estos casos, no olvide consultar con su médico.

«Yo no quedo embarazado. Ella es la que tiene que cuidarse».
Esta es una declaración extraordinariamente machista, pero no es poco común. Es triste que todavía muchos cristianos sigan pensando de esa manera. Es sorprendente el alto grado de

machismo que aún tienen algunos varones cristianos que no han madurado en su fe o que no han sido enseñados bíblicamente. Quienes actúan de esta manera, no solo tienen una actitud cómoda, sino además, proyectan desprecio por su esposa. Es cierto que la mujer debe estar pendiente de su cuerpo y es su responsabilidad, pero también es responsabilidad del marido planificar sabiamente, y en unidad, la vida familiar. Es la mujer la que tiene que preocuparse del método anticonceptivo que prefiere y recibir buena información de un médico cristiano para que la oriente sobre anticonceptivos que sean aceptables a los valores cristianos y que los estudios indiquen que no son abortivos. Es cierto también que ella debe recibir instrucción del médico para saber los efectos secundarios que producirán los anticonceptivos. Sin embargo, no es menos cierto que el hombre también tiene la responsabilidad de cuidar a su esposa y juntos deben planificar la familia.

El hombre también puede utilizar preservativos, especialmente cuando la mujer corre serios peligros en su salud o cuando el uso de anticonceptivos afecta mucho su equilibrio emocional. Incluso, he notado que ha sido muy sabia la decisión de algunas parejas de alternar el uso de los métodos anticonceptivos. A veces el hombre puede utilizar condones por un período de tiempo y si ella no tiene problemas, y bajo orientación médica, pueden hacer un cambio y que sea la mujer quien use los anticonceptivos.

Es absolutamente inapropiado dejar que la mujer tome decisiones por sí sola en este importante asunto. Esto puede provocar que la mujer sienta que el esposo simplemente la esté usando, en vez de hacerla sentir que es su compañero, que la ama y que se preocupa por su bienestar. Los hombres deben ser los que toman la iniciativa y el liderazgo en el acuerdo que deben pactar. Deben hacerlo bajo consejo profesional y demostrar su sabia preocupación. Pero también las mujeres deben ser las románticas que responden con cariño a la preocupación maravillosa de un hombre líder y amoroso.

Aunque existen diferencias en nuestros géneros, cada uno de los cónyuges debe buscar el bienestar de la persona que ama. Es cierto que el hombre tiende a ser competitivo, y es racional, y a menudo no pone tanto énfasis en el mundo emocional como lo hacen las mujeres. Es cierto que las mujeres tienden a ser más gentiles, más intuitivas, más emocionales y más orientadas a las relaciones. Sin embargo, es precisamente esa diferencia la que nos ayuda a complementarnos. Por esto debo preocuparme del cuerpo de mi esposa y ella del mío. La palabra de Dios me ordena que como marido debo cuidar el cuerpo de mi esposa, pues soy el administrador de ese cuerpo. Ella, por su parte, también debe pensar en mis necesidades, pues según el apóstol Pablo, mi cuerpo le pertenece a ella. Cuando no existe esta preocupación mutua, la vida sexual se convierte en un acto egoísta en el que cada uno exige su satisfacción de acuerdo a sus gustos y preferencias.

Cuando los hombres, con profunda empatía, corregimos las áreas en las que somos más débiles y que no son naturales para nosotros, nuestra vida sexual será ensanchada y será marcada por la comprensión. Tenemos que aprender a compartir emociones, a ser sensibles, a ser tiernos. Debemos aprender a tratar a nuestras esposas como a vaso frágil pues eso es lo que ellas necesitan. Así las diseñó Dios. Cuando los hombres actuamos con sensibilidad abrimos las puertas para que ella se sienta mujer y es muy posible que responda a las necesidades del esposo con mayor solicitud. Los hombres somos hombres de verdad cuando descubrimos la necesidad de romanticismo que tiene la mujer y sabiamente tratamos de satisfacerla. Las mujeres son verdaderamente sensibles cuando entienden las necesidades de su marido y hacen su mayor esfuerzo por suplirlas. La sensibilidad es un atributo masculino «escondido» muy positivo, que debemos desarrollar.

> *«Pensar que solo la mujer debe cuidarse de quedar embarazada porque es ella quien tiene el don de la maternidad, no solo es un acto ridículo, sino también una falta de respeto a su dignidad. Ambos cónyuges deben participar, y con amor y preocupación mutua, deben llegar al acuerdo sobre qué método de planificación familiar van a utilizar».*

La decisión de dejar a la mujer que se preocupe de su cuerpo y dejarle a ella toda la responsabilidad de cuidarse para no quedar embarazada es la determinación de un espíritu machista muy destructivo que debe ser corregido. La planificación familiar debe ser el resultado de una decisión de dos cónyuges que se aman y se preocupan del bienestar mutuo. Es cierto que los hombres no quedan «en estado», pero sí las esposas a las que ellos dicen amar. Por lo tanto, es nuestra obligación preocuparnos del bienestar, la salud y el futuro del cónyuge que amamos. Además, traer hijos al mundo es una inmensa responsabilidad.

«Son los hombres quienes deben tomar la iniciativa».
El que la relación sexual sea hermosa, saludable, que produzca lindos sentimientos y gran satisfacción no es responsabilidad de un solo cónyuge. Ambos son responsables de contribuir sabiamente para que las relaciones sexuales sean apropiadas.
Las mujeres tienen inclinaciones sexuales y pensamientos tal como los hombres. No existe nada en la Biblia que prohíba la iniciativa de la mujer. Ella debe entender que el hombre necesita estímulos visuales, mientras la mujer puede crear sus propios estímulos debido a su carácter emocional. Cuando la mujer aprende a expresar sus deseos sexuales en forma directa, abierta y sin ningún complejo, puede tomar la iniciativa y producirá una gran motivación en el hombre que nota que su esposa también disfruta tomando la iniciativa. No es verdad ni tampoco saludable que el hombre siempre tenga que iniciar la relación sexual y que la mujer solo responda.
Las relaciones sexuales saludables son el resultado del deseo y la iniciativa de los cónyuges que se aman. Cualquiera de los dos puede elegir lo que van a hacer durante una relación sexual o rechazar algo que no desea hacer en ese momento. La pareja debe tener completa libertad de decidir lo que es mejor para la relación. Cualquiera de los dos puede tomar la iniciativa de tener relaciones sexuales o de la forma como desean disfrutarla. Debido a que las mujeres tienden a fluctuar más y a tener menos interés en las relaciones sexuales, es necesario que tomen más

iniciativa y comuniquen con regularidad su anhelo de tener contacto íntimo, cómo quieren tenerlo y las caricias que desean recibir y compartir. Esto quita la presión que sentimos los esposos y produce un placer mayor cuando nos damos cuenta que nuestro cónyuge también tiene interés de disfrutar la relación sexual de alguna forma en particular. Por otra parte, los hombres no debemos creer que toda caricia que nuestra esposa nos brinda es una motivación para las relaciones sexuales. Si el horario está bien planificado y los días designados para tener intimidad están bien establecidos, la mujer puede tomar la iniciativa de cómo y dónde desea tenerla. Por otro lado, si se muestra cariñosa en momentos «fuera del horario» y toma la iniciativa, es ella la que debe decidir si desea llegar a la relación sexual. Es ideal que de la misma forma que suspende las relaciones sexuales si se siente enferma, cansada o desganada, que también en ciertas ocasiones tome la iniciativa para tener relaciones sexuales aunque no sean planificadas.

> *«Que la relación sexual sea hermosa, saludable, que produzca lindos sentimientos y gran satisfacción no es responsabilidad de un solo cónyuge. Ambos son responsables de contribuir sabiamente para que las relaciones sexuales sean apropiadas».*

«La mujer debe estar disponible cuando el hombre tiene deseos». Este error produce una increíble presión. Esta equivocada actitud no solo motiva al hombre a tener la obligación de mostrarse siempre listo o con la intención de comprobar su virilidad, sino que además, le entrega una herramienta manipuladora para esperar y aun exigir más respuesta de la que la mujer puede o quiere tener. Ambos tienen que decidir el momento de la relación sexual y el solo hecho de que un cónyuge tenga deseos no significa que el otro debe estar disponible. A veces por enfermedad, cansancio o tensiones, una mujer no tiene deseo y prefiere evitar las relaciones sexuales, y ese deseo debe ser respetado. Sin embargo, esto tampoco significa que la mujer tiene el derecho de no tener relaciones con regularidad solo porque no dedica

tiempo a descansar o por su irresponsabilidad. Si la esposa deja de tener relaciones y vive escudándose tras el cansancio, el desgano y el enojo, está yendo en contra del consejo divino y se está negando sin el consentimiento de su esposo. Mientras más se niega, más va perdiendo el deseo y afectando su relación conyugal. El sexo siempre debe ser una elección que hacemos, nunca una demanda que realizamos. No obstante, a veces debemos elegir cosas buenas y necesarias aunque no tengamos ganas. Las demandas y exigencias egoístas, insensibles y no razonables son las asesinas más efectivas de una relación sexual saludable. Para tener salud en la relación íntima debemos entregarnos por amor, no por fuerza o rigor.

> *«El sexo siempre debe ser una elección que hacemos, nunca una demanda que realizamos. Las demandas y exigencias egoístas, insensibles y no razonables son las asesinas más efectivas de una relación sexual saludable».*

«Mi marido es el único responsable de que yo no tenga un orgasmo».

La primera vez que escuché esta declaración entendí por qué la mujer se sentía usada por su marido. Ella había tomado una actitud totalmente pasiva que se tornó muy destructiva. Ximena había dejado de sentir satisfacción en su vida sexual. Comenzó a perder interés poco a poco. Solo dos veces al mes tenía relaciones en las que ambos experimentaban satisfacción. Para que su marido no se molestara y para que tuviera más actividad sexual, ella permitía que él tuviera satisfacción otras seis veces al mes. Ella le prestaba su cuerpo para que él se estimulara y tuviera su eyaculación. Cuando buscaron consejería, Ximena ya había dejado de sentir satisfacción y solo prestaba su cuerpo para que su marido eyaculara. Nos confesó que en algún momento comenzó a pensar que su marido era el único responsable de que ella tuviera un orgasmo y tomó una actitud pasiva que trajo como consecuencia problemas en su intimidad.

Creer que el hombre es el único responsable de producir el orgasmo en su esposa es un serio error. Cada cónyuge es responsable de proveer el ambiente espiritual, físico y emocional para que su pareja tenga las condiciones de alcanzar un orgasmo. Pero por otro lado, cada cual también es responsable de utilizar su cuerpo y pensamientos para motivar su propio orgasmo. El hombre es responsable de proveer de todo lo que la mujer necesita para prepararse para tener el orgasmo y lo mismo es cierto para la mujer. Como generalmente el hombre no necesita mayor preparación para lograr la excitación —a diferencia de la mujer— el esposo debe ejercer sabiduría para cumplir su tarea de preparación de la esposa en forma adecuada. Es el hombre quien tiene que proveer las caricias, la ternura o la estimulación necesaria para que su esposa experimente excitación y se prepare para el orgasmo. Sin embargo, también la mujer es la responsable de responder a esa preparación, motivar su respuesta y ayudar en la estimulación de su marido para que este alcance su orgasmo.

> *«Tanto el esposo como la esposa son responsables de proveer el ambiente y las condiciones imprescindibles para la estimulación mutua. Cada cónyuge no solo es responsable de proveer el ambiente espiritual, físico y emocional para que su pareja tenga las condiciones de alcanzar un orgasmo, sino también es responsable de utilizar su cuerpo y preparar sus emociones para lograr su propia excitación y satisfacción».*

No es muestra de virilidad que el hombre produzca el orgasmo en la mujer. Puede que la mujer lo esté impidiendo por ignorancia, complejos, traumas o desinterés. La esposa puede tener serios conflictos sicológicos que impiden su excitación y por ende, el orgasmo. En muy pocos casos la frigidez o la impotencia sexual se deben a problemas físicos que alguno o ambos experimentan. En la mayoría de los casos existe algún problema sicológico para el que hay que buscar ayuda profesional si comprueban que solos no lo pueden solucionar. Ambos son responsables de proveer todo lo que su cónyuge necesita, de acuerdo a los conceptos bíblicos, para experimentar la satisfacción sexual. No obstante, también es cierto que cada uno es responsable de tomar el tiempo, elegir una buena actitud y tener la suficiente información para que ambos se estimulen, se exciten y tengan una plena satisfacción. Ambos cónyuges deben prepararse no solo para tener una buena relación física, sino también una verdadera y satisfactoria intimidad espiritual y emocional.

La mujer no debe ser estimulada solo porque le produce algo de placer, sino más bien, porque es una necesidad que debe ser satisfecha para la preparación en el proceso de llegar a disfrutar de su satisfacción. Ella necesita buen trato, dulzura, comprensión y caricias para que las glándulas bartolinas secreten el lubricante natural en su vagina y el acto sexual sea placentero y no doloroso.

«Nuestras relaciones sexuales son saludables porque tenemos múltiples orgasmos».

La cantidad de orgasmos que tenga la pareja en su experiencia sexual no es un indicador de la satisfacción sexual. Muchas mujeres quedan totalmente satisfechas con un solo momento de satisfacción durante su relación, mientras que a otras les gusta tener múltiples orgasmos pues sienten más satisfacción. El cuerpo de la mujer fue diseñado por Dios para tener múltiples orgasmos. Después de su primer orgasmo, pueden pasar un minuto o algunos minutos y ya está lista para tener otro. No existe un período de espera antes de que esté físicamente preparada para tener satisfacción, si continúa la estimulación. Esto no significa que tener más orgasmos es mejor. Simplemente significa que si ella elige tenerlos, puede lograrlo, y si los disfruta, puede pedirlos. La cantidad de orgasmos elegidos depende exclusivamente de la persona. Es bueno que regularmente la pareja tenga un orgasmo, y que de vez en cuando, cuando se den las condiciones y cuando las preparen, disfruten de más orgasmos. Así como la mujer tiene una gran satisfacción al disfrutar varios orgasmos con la paciencia y ayuda de su marido, así también la mujer debe hacer algo especial para su marido. En algunas ocasiones la pareja puede tener su orgasmo, luego seguir acariciándose y ella preparar a su esposo si desea tener un nuevo orgasmo. Siempre debe recordar que el esposo tendrá que esperar un tiempo hasta que pueda tener otra erección.

El número de orgasmos no tiene nada que ver con la calidad de vida sexual. Los cónyuges deben conocerse lo suficiente como para saber qué le agrada más a su cónyuge y reconocer que existen días en que hay una mayor disposición a tener varios orgasmos y dedicar más tiempo a la relación sexual. Por otro lado, también es perfectamente válido que en otras ocasiones ambos cónyuges decidan tener una relación sexual más rápida y enfocada.

«Como hombre siento que siempre debo estar listo para tener relaciones sexuales».

La verdad es que la mayoría de los hombres estamos listos en cualquier momento para tener relaciones sexuales. Sin embargo, esto no significa que siempre estemos preparados y que todos los hombres seamos iguales. Que un hombre no tenga interés sexual en determinado momento, no es muestra de poca hombría ni de falta de virilidad. También hay algunos hombres que tienen poco interés sexual en forma natural y otros que tienen algún problema emocional que necesita ser tratado. Algunos pasan por etapas en las que están bajo muchas presiones, conflictos emocionales o enfermedades físicas y pierden gran parte de su apetito sexual. Esa es una reacción lógica de un cuerpo cansado o enfermo.

Una minoría de los hombres tiene poco interés en las relaciones sexuales y prefiere tenerlas de vez en cuando. A ellos a veces les afecta el cansancio y pierden con facilidad el apetito sexual. Estos hombres no son anormales ni tampoco son anormales la mayoría de las mujeres que tiene poco interés en las relaciones sexuales más frecuentes.

«Solo existe una posición, todo lo demás es degeneración».
Gloria estaba a punto de terminar su relación conyugal. No había tenido relaciones sexuales con su esposo en años. Estaban separados aunque vivían bajo el mismo techo y pensaban que ahora que los niños habían crecido no había necesidad de continuar con la farsa. En el proceso de asesoramiento, noté que ella llevaba la mayor culpa en este proceso de desintegración matrimonial.

Gonzalo, aunque estaba frustrado, ya se había acostumbrado a ser fiel en su congregación y sacrificar su vida sexual. Realmente su mecanismo de defensa estaba funcionando. Había logrado dominar la desesperación que por momentos experimentaba debido a la falta de relaciones sexuales. La razón que daban para terminar su matrimonio no era la verdadera. La razón principal era el rechazo constante de Gloria hacia su esposo debido a la ignorancia. Ella asistía a una iglesia legalista y su pastor no conocía profundamente las Escrituras. Le habían enseñado que el hombre no debía ver la desnudez de la mujer. Por eso había decidido que lo máximo que permitiría era de vez en cuando tener lo que ella llamaba una «relación sexual normal». Gloria creía que su marido debía ubicarse sobre ella y no acariciarla por mucho rato, y mucho menos en su vagina. No permitía caricias ni que él viera su cuerpo. Debido a esto, su esposo no podía prepararla emocionalmente. En consecuencia, ella sentía dolor pues debido a la ausencia de preparación su vagina no tenía la lubricación necesaria. Esta actitud de Gloria fue creando una resistencia a tener relaciones sexuales pues ella no las disfrutaba. Más bien describía sus relaciones sexuales como dolorosas y repetía que no sentía nada especial. Años de enseñanzas legalistas y prácticas erróneas no solo dañaron la vida emocional de Gloria, sino que también estaban destruyendo su matrimonio. La muerte estaba ocurriendo lentamente y su relación estaba en agonía. En un último intento, los puse en la sección de «cuidado intensivo» en el asesoramiento matrimonial. Gracias a Dios dio resultado y Gloria salió libre de la prisión llamada ignorancia. Aprendió a disfrutar de su relación conyugal y a evitar sentirse culpable por el tiempo de caricias y preparación. Gloria y Gonzalo descubrieron los tesoros de intimidad que habían estado escondidos por tantos años.

Es cierto que la posición llamada «misionera» —el hombre sobre la mujer— es la posición más común, pero esto no significa que esa sea la posición normal y correcta, y que las demás sean anormales e incorrectas. Cada posición permite un encuentro distinto. Más comodidad para uno de los cónyuges o para ambos, un roce distinto que provee un estímulo diferente. La posición misionera permite un contacto más sólido del clítoris y por eso algunas personas la prefieren. Sin embargo, no existe posición que sea buena y otras que sean pecaminosas.

La posición en la que la mujer está sobre el hombre tiene algunas ventajas. Recuerde que la mujer demora más en su proceso de estimulación, y una de las ventajas es que ella tiene más libertad y puede elegir a su antojo aquellos movimientos que le producen mayor placer. Por otra parte, permite que el hombre, que tiene más facilidad de eyacular, tenga más control y pueda detener con más facilidad los movimientos, para evitar la eyaculación antes que su esposa experimente el orgasmo.

También los cónyuges pueden elegir la posición lateral, en la que ambos cónyuges están acostados. Uno está de espaldas, un poco inclinado hacia el lado. El otro cónyuge, que está encima, tiene una pierna en medio de las piernas de su cónyuge. La introducción del pene mediante esa forma más lateral permite un mayor contacto con los lados de la vagina y esto lo disfrutan mucho algunas mujeres. El tener relaciones sexuales cuando ambos cónyuges están parados o el hombre sentado y la mujer sentada sobre él, también otorga gran variedad y placer. La mujer puede disfrutar grandemente cuando el hombre realiza la introducción del pene en la vagina mientras ella le está dando la espalda. El hombre, a su vez, tiene la posibilidad de disfrutar del cuerpo de su esposa y prodigarle excelentes caricias pues sus manos están libres para estimularla.

Con el paso del tiempo, con mayor información y práctica, las parejas van experimentando y van descubriendo cuál de ellas

produce un mayor placer, y les permite mayor y más fácil satisfacción, especialmente a la mujer, que requiere más tiempo de
preparación. El cónyuge que anhela y sugiere experimentar con
nuevas posiciones no actúa degeneradamente. Deben estudiar
juntos lo que es permitido y ponerse de acuerdo en la práctica
de nuevas formas de tener relaciones sexuales.

*«Cuando los cónyuges se ponen de acuerdo y ambos
están decididos a respetarse, ser sensibles y ayudar
a disfrutar a la persona amada, cualquier posición es buena y no se deben considerar ni pecaminosas ni equivocadas».*

*«No tenemos buenas relaciones sexuales porque no tenemos
un orgasmo simultáneamente».*

La verdad es que el orgasmo simultáneo es muy lindo, y ocurre de vez en cuando, pero generalmente es un error ponerlo
como una meta. Aún peor es creer que como los cónyuges no
terminan al mismo tiempo, las relaciones sexuales no son buenas. El imponerse esta meta provoca serias tensiones y eso generalmente un efecto contraproducente que impide tener el placer
apropiado. Muchas parejas prefieren tener orgasmos separados.
En muchos casos prefieren que la mujer tenga su satisfacción primero y luego pueden tener un orgasmo simultáneo. Otras parejas eligen que la mujer tenga su primer orgasmo, y siguen disfrutando de caricias y movimientos suaves por un cierto período de
tiempo. Luego el marido permite que la mujer tenga tantos
orgasmos como desea y finalmente, cuando ella decide que ese
es el último que desea experimentar, disfrutan de su orgasmo
juntos. El no tener orgasmos simultáneos no significa que la
pareja no tiene buenas relaciones sexuales.

*«Si fuéramos un matrimonio normal no tendríamos pro-
blemas en la vida sexual».*

Ese es un concepto muy dañino y tristemente lo he escuchado en forma reiterada en las sesiones de asesoramiento. Los seres

humanos somos débiles y pecadores, y fallamos regularmente. Todos los hombres y mujeres luchamos y tenemos problemas, especialmente cuando no sabemos algo. En todas las áreas de las relaciones entre un hombre y una mujer existe el potencial de tener conflicto, mucho más cuando se trata de la vida íntima. Existen menos probabilidades de que los conflictos sean dañinos cuando tenemos la capacidad de hablar y corregir los errores. La pobre comunicación entre la pareja crea muchísimos problemas. Los cónyuges que no hablan con sinceridad y prefieren mantener secretos, preparan el terreno para la destrucción de la relación. Si por vergüenza o los mitos que han creído no buscan ayuda de especialistas es imposible que reciban la orientación que necesitan y, en consecuencia, muchas de estas situaciones pueden terminar en peligrosa decepción.

Los problemas nos acompañarán en todas las áreas de la vida conyugal y siempre serán parte de nuestra relación. Existen problemas por la falta de acuerdo en la forma en que se realizan las relaciones sexuales. Existen conflictos por la falta de acuerdo en la frecuencia, especialmente cuando la esposa no está muy interesada en las relaciones sexuales. Esto puede ocurrir cuando la mujer sufre de muchas incomodidades y cambios anímicos en los días previos a su menstruación —conocido como Síndrome Premenstrual— o cuando está experimentando cambios hormonales que producen sudores, fatigas y otros síntomas como parte de la etapa de la menopausia.

Existen ocasiones en que tampoco los hombres tienen interés. Esto les ocurre a los hombres con menos frecuencia pero no significa que sea anormal que una mujer pase por esas temporadas, y que los hombres pasemos por tiempos de enfermedad que impiden las relaciones normales. Esa falta de conocimiento, comprensión y de sensibilidad que generalmente demostramos los hombres produce gran dolor en nuestras esposas y afectan la relación normal. Es cierto que las mujeres pueden enfermarse con más frecuencia, y que el cansancio es una constante realidad en sus vidas; sin embargo, algunas usan con frecuencia las excusas del «dolor de cabeza» o el cansancio para evitar cumplir con el deber que Dios les entregó.

Creo que debe existir sensibilidad por parte del hombre y sinceridad por parte de la mujer, y que ambos deben contribuir al bienestar del cónyuge y la satisfacción sexual.

«Los problemas en la vida sexual de la pareja no significan que el matrimonio sea «anormal», solo es un recordatorio de que todos tenemos defectos. Las parejas deben aprender a enfrentar los problemas y, si es necesario, buscar ayuda profesional. Los cónyuges que no hablan con sinceridad y prefieren mantener secretos, preparan el terreno para la destrucción de la relación».

Durante esta parte del plan de acción que tengo en mente al escribir este libro, quiero proveer de la enseñanza bíblica necesaria para que los cónyuges elijan los valores bíblicos por encima de las creencias personales. A continuación explicaré lo que dice la Biblia con respecto al sexo en el matrimonio.

CAPÍTULO TERCERO

EVALUACIÓN
INEVITABLE PARA
DETERMINAR EL
CAMBIO

CAPÍTULO TERCERO

EVALUACIÓN INEVITABLE PARA DETERMINAR EL CAMBIO

«Evaluar el conocimiento, las actitudes y la práctica de las relaciones sexuales es un paso inevitable para poder determinar las correcciones necesarias y lograr una vida de intimidad saludable».

Una vez que usted ha adquirido el conocimiento necesario para identificar a los dragones que le han mantenido atemorizado, y se ha dado cuenta que no son sino ideas erróneas que se han gravado en su mente por la constante repetición, usted está en condiciones de iniciar su batalla para destruirlos. Para hacer esto, quiero entregarle las herramientas necesarias para matarlos y nunca más permitir su influencia. Este es un momento importante para descubrir los tesoros de la intimidad, pero su primera acción debe ser realizar una exhaustiva evaluación.

Nos equivocamos al pensar que los errores que cometemos en nuestra vida sexual se arreglarán con el paso del tiempo. Esto hace que nos equivoquemos en nuestra estrategia. Por el temor, la vergüenza o la desidia que nos impide conversar con sinceridad, tendemos a perpetuar los conflictos. Por otro lado, si tenemos una estrategia equivocada tampoco podemos encontrar una solución y agravamos la situación.

Por lo apasionante de la vida sexual y por el egoísmo con que tendemos a practicarla; realizar evaluaciones, conversar abiertamente, investigar nuestros errores y ponernos de acuerdo para buscar soluciones, es una tarea sumamente complicada. No obstante, una tarea que nunca debe ser evitada. Las relaciones sexuales pueden ser tan apasionantes o tan destructivas que es mejor prepararse para tener un buen equilibrio. Nuestra práctica debe ser el resultado de un hermoso acuerdo. Sin embargo, muchas parejas continúan haciendo lo que estiman conveniente, aunque el resultado sea dolor y frustración. Evaluar nuestra situación e identificar los problemas nos abren la puerta para descubrir la solución que tanto necesitamos.

La fuerza del deseo por disfrutar de la vida sexual es una pasión que intenta dominarnos, pero somos nosotros los responsables de poner esa pasión dentro de los límites adecuados. Como cualquier otra necesidad, la necesidad de satisfacción sexual debe ubicarse dentro de parámetros adecuados. La pasión sexual debe dominarse y ponerse bajo control para que no se convierta en destructiva. Y esto no puede lograrse a menos que nos pongamos de acuerdo. La vida sexual se debe desarrollar en armonía y comunión. Debemos tener unidad y comprensión para que podamos lograr la intimidad. Debemos tener orden y una buena estructura de límites que nos indiquen qué podemos y qué no podemos hacer. La libertad que tenemos para disfrutar y los límites que queremos establecer no pueden ser decisiones personales pues es una pareja la que participa de las relaciones sexuales.

Dios nos creó con esta necesidad que demanda satisfacción, pero podemos practicarla con sabiduría o sin ella. Las parejas que quieren actuar sabiamente, amarse y comprenderse, deben hacer una seria evaluación que les ayude a determinar si ambos se sienten cómodos o incómodos, molestos o contentos, limitados o satisfechos, con libertad o libertinaje.

Por lo general, es más fácil dejar que pase el tiempo, pero no es lo más sabio. No debemos continuar teniendo relaciones sexuales que sabemos que están fuera de los límites normales. La evaluación cuidadosa nos ayudará a identificar, dentro de un marco de cariño y respeto mutuo, cuáles son las prácticas o actitudes que deben cambiarse rápidamente. El identificar los errores y sentir que somos un equipo que trabaja en unidad nos motivará a fortalecer lo débil. Debemos desarrollar el dominio propio para evitar querer hacer solo lo que nos agrada o lo que hemos acostumbrado a realizar, a pesar de que nuestra pareja nos ha dicho que es perjudicial. El dominio propio nos ayudará a desarrollar nuestra voluntad y fortaleza para decir no a lo que es erróneo, para identificar nuestras necesidades y aprender a decir sí a lo correcto. Nuestra evaluación debe ayudarnos a determinar si estamos esforzándonos por hacer lo que debemos y no solo respondiendo a la necesidad del cónyuge.

La Biblia nos enseña que es sabio examinar la forma en la que nos conducimos en la vida. El apóstol Pablo aconsejó a los creyentes de Éfeso a hacer un serio examen de su forma de vivir. Les dijo: «Mirad pues con diligencia como andéis, no como necios, sino como sabios, aprovechando bien el tiempo, porque los días son malos» (Efesios 5.15-16). En este pasaje, Pablo comunica un sentido de urgencia a los creyentes de Éfeso. Les dice que los tiempos son complicados y que la maldad es muy sutil. Les dice que aprovechen el tiempo, que saquen ganancia, que utilicen su tiempo en forma provechosa. Pablo les ordenó que evaluaran con diligencia, seriedad y profundidad su forma de conducirse en la vida. En el versículo 17 dice que no debemos actuar con insensatez, que no debemos conducirnos con necedad ni ignorar lo que Dios demanda de nosotros. Pablo exhorta a que actuemos como entendidos de la voluntad de Dios. Actuar con insensatez en la vida sexual es destructivo. Actuar basados en un buen entendimiento de la voluntad divina para la sexualidad humana es constructivo y hermoso.

«Dios nos creó con necesidades sexuales que demandan satisfacción y por ello es esencial que realicemos una seria evaluación para determinar si estamos actuando equivocadamente o con corrección. Es imposible corregir los comportamientos equivocados y destructivos si no identificamos con sabiduría los errores que cometemos regularmente».

Usted se encuentra aquí

En los grandes centros comerciales generalmente existe un mapa que nos permite saber la ubicación de cada tienda. Allí nos presentan un diagrama de los distintos niveles y nos dan los números y ubicación para poder llegar al lugar que queremos. Pero también se nos indica algo esencial. Vemos un punto de color bien marcado que tiene una leyenda que dice: «Usted se encuentra aquí». Es que si usted no sabe dónde está, no puede llegar a su destino, no importa cuán buenas direcciones le den para que sepa adónde dirigirse. Por ello dedico este capítulo a ofrecerle ayuda para evaluar la vida sexual en su relación matrimonial y así pueda identificar personalmente lo que debe cambiar.

Para poder descubrir los tesoros de la intimidad es necesario que identifiquemos dónde nos encontramos. No podremos dirigirnos a ese lugar maravilloso que esconde los tesoros de la intimidad sin saber por dónde iniciaremos nuestra marcha. Tenemos que ser sinceros para aceptar nuestros errores. Tenemos que decidir estar de acuerdo; después de todo, juntos vamos a esta excursión que nos permitirá encontrar los tesoros que buscamos. Sin enojo y con sinceridad, la pareja debe estar dispuesta a recibir la opinión y evaluación de su cónyuge. Ambos deben conocer su situación y hacer conocer a su cónyuge su opinión. Ambos deben ser sinceros y reconocer que mucho de lo que saben lo aprendieron a través de los medios de comunicación o en el contacto con amigos. Sin embargo, esto no implica que necesariamente tuvieron la información apropiada para establecer convicciones saludables con respecto a la intimidad.

UNA EVALUACIÓN DE LAS NUEVAS CONVICCIONES PERSONALES

El propósito de este paso es que los cónyuges conozcan cuáles son las diferencias en sus convicciones que les motivan a rechazar o realizar determinadas acciones.

Las convicciones personales son el fundamento de nuestra conducta. Por ejemplo, si un cónyuge cree que las relaciones sexuales orales son pecaminosas y el otro piensa lo contrario, no solo tendrán una diferencia, sino que el cónyuge que las acepta se sentirá frustrado y molesto por el rechazo, y el cónyuge que las rechaza, se sentirá frustrado y molesto por la presión.

Cada persona rechazará o permitirá determinadas acciones dependiendo de sus convicciones. Aunque en forma natural deseamos tener relaciones sexuales, nuestras convicciones erróneas pueden crear un ambiente antagónico.

Casi todas las personas tienen la capacidad biológica para tener relaciones sexuales cuando sienten la necesidad. Sin embargo, una «capacidad biológica» no implica que lo hagamos bien. Hace un tiempo leí una historia que nos puede servir para ilustrar esto.

Una mujer murió de un ataque fulminante al corazón. Se desplomó sin poder llamar a nadie que atendiera a su niño de solo dos años. El niño subsistió solo y por varios días comiendo cereal viejo, galletas y cualquier cosa que encontraba. Este pequeño solo respondía a su necesidad biológica y buscaba comida. Era una pura necesidad de supervivencia. Sin embargo, saber prepararse comida y alimentarse nutritivamente es una virtud que debe ser desarrollada. De la misma manera, tener relaciones sexuales estimulantes, deseadas y satisfactorias demanda conocimiento y preparación. Ese tipo de relaciones no se consigue cuando falta la capacidad, y por ello el resultado es la frustración.

Ningún esposo vivirá motivado cuando debe insistir con desesperación tener relaciones íntimas y le responden a regañadientes, o su mujer lo rechaza solo por tener convicciones erróneas. Ninguna mujer vivirá contenta cuando le exigen lo que no desea y la usan como fuente de satisfacción debido a que su esposo tiene creencias distintas.

«Así como un niño es capaz de buscar alimento y comer sin necesidad de ayuda cuando tiene hambre, casi todas las personas son capaces de tener relaciones sexuales de una forma biológica cuando sienten la necesidad. Sin embargo, saber prepararse comida y alimentarse nutritivamente es una virtud que debe ser desarrollada. De la misma manera, tener relaciones sexuales estimulantes, deseadas y satisfactorias demanda conocimiento y preparación.

AUTOBUSES QUE LLEVAN A NUESTROS ANTEPASADOS

Nuestras convicciones no se formaron del vacío ni aparecieron en el momento de nuestro nacimiento. Poco a poco, enseñanza tras enseñanza, experiencia tras experiencia e instrucción tras instrucción, fuimos formando nuestras convicciones. Nuestros padres, nuestros amigos, la sociedad y nuestras religiones tuvieron y tienen una gran influencia en la formación de nuestras convicciones. Nosotros no practicamos nuestras relaciones sexuales sin pensar. Hacemos lo que hacemos porque pensamos lo que pensamos. Y cuando los cónyuges tienen pensamientos totalmente diferentes entonces el terreno es muy fértil para enfrentar conflictos.

Los seres humanos somos autobuses en los que viajan nuestros antepasados. Nuestros padres viajan con nosotros. Sus ideas, valores e influencias nos acompañan en cada área de nuestra vida.

Llegamos al matrimonio con un sistema de pensamiento que nos dicta cómo debemos hacer las cosas. Llegamos al matrimonio con pensamientos específicos sobre cómo y qué haremos para saciar nuestro apetito por ciertos alimentos, y hasta la forma para saciar nuestro apetito sexual.

Nuestras experiencias son únicas y diferentes, y así también será nuestra forma de pensar con respecto a nuestra vida sexual. No nos casamos con personas sin pasado, ni con un cónyuge sin sistema de pensamiento. Los seres humanos actuamos de acuerdo a nuestras convicciones. El hombre o la mujer que no le ha dado importancia a determinados aspectos de la intimidad, o que realiza actos que causan dolor a su cónyuge, generalmente actúa así porque no recibió la instrucción adecuada o recibió consejos erróneos u observó formas de proceder que marcaron su conducta.

Cada persona ha ido formando sus convicciones poco a poco de acuerdo a lo que experimenta en la vida. Las convicciones —que son el fundamento de nuestras actuaciones— no aparecen de la nada. Existen corrientes e influencias que han participado en la formación de nuestro sistema de pensamiento actual. No debemos ignorar la importancia que tiene el trasfondo en el que fuimos criados. El lugar en que fuimos criados, la cultura en la que crecimos y el tipo de padres que tuvimos fueron aspectos determinantes en nuestra crianza. Nadie duda que los padres tienen la influencia más importante en la vida de un niño. Si ellos no se informaron, si recibieron la información equivocada o si actuaron mal porque tuvieron pensamientos erróneos, ese sistema de vida lo transmitieron a sus hijos. Si el medio ambiente en el que nos criamos no nos proveyó la suficiente información con respecto a distintas áreas en la vida, entonces fuimos dejados a nuestro propio criterio y es imprescindible que evaluemos si estamos o no haciendo lo correcto.

Para comenzar a ser prácticos en esta evaluación es necesario hacerse importantes preguntas. Por ejemplo: ¿Eran cariñosos mis padres? ¿Soy cariñoso con mi cónyuge? ¿Por qué me molesta que me acaricien mis partes íntimas? ¿Por qué tengo vergüenza que me vean? ¿Por qué solo respondo y no tomo la iniciativa en nuestras relaciones sexuales? ¿Por qué no quiero experimentar nuevas formas de hacer el amor? ¿Por qué me molesta pensar que mi cónyuge desea tener relaciones orales? ¿Por qué permito las relaciones anales cuando debería rechazarlas?

Si realiza un análisis profundo, tal vez recordará tristes experiencias del pasado o malos ejemplos en las relaciones familiares. Tal vez su mente tiene que regresar a una experiencia de abuso sexual que su cónyuge no conoce. O quizás las raíces de sus inhibiciones o molestias se deben a la formación religiosa legalista que recibió en su infancia. Es importante que sepamos que entregarse abiertamente a su esposo es el resultado de una experiencia hermosa que existió en la relación padre-hija, y el tratar con ternura a su esposa es el resultado de la ternura con que le trató su madre.

La buena noticia es que no tenemos que quedar esclavos del pasado. Toda persona puede cambiar. Cuando los cónyuges deciden ser sinceros y apoyarse mutuamente para quitar los obstáculos en sus relaciones sexuales, nada puede impedir que aprendan a amarse y practiquen relaciones saludables. Un hombre directo y espontáneo puede descubrir que esa rapidez en su acercamiento puede ser intimidante para su esposa. Una esposa puede aprender que su renuencia a las caricias puede ser decepcionante para su marido.

«Los seres humanos somos autobuses en los que viajan nuestros antepasados. Si ellos nos formaron erróneamente, entonces fuimos influenciados para cometer errores. Nuestras convicciones fueron formadas a través del tiempo y son parte de nuestras decisiones del presente. Si deseamos corregir nuestros errores, debemos cambiar nuestras convicciones».

La forma en que cada uno ve y se acerca a las relaciones sexuales no debe basarse en la persistente preocupación en los gustos personales ni tampoco en una constante despreocupación por los gustos de su cónyuge. Nuestras decisiones en esta importante área de nuestras vidas deben basarse en el diseño divino para la vida sexual saludable. Sin embargo, debemos recordar que todos los seres humanos tendemos a actuar erróneamente. Nadie tiene que enseñarnos el mal. Todos sabemos cómo hacer mal las cosas que deberíamos hacer bien. Nos gusta lo prohibido y tenemos la habilidad de desviar las cosas de su propósito original. El sexo y nuestra relación de intimidad conyugal no son la excepción. Debido a que el sexo es un apetito que demanda satisfacción, y su satisfacción es muy placentera, no es una fuerza fácil de controlar. En la vida sexual no es difícil hacer lo prohibido, pero tampoco es imposible aprender a hacer lo correcto.

La fuerte influencia de las convicciones religiosas

Las religiones son normativas. Buscamos una religión para tener valores que creemos son apropiados para conducir nuestras vidas. Lo que nos enseñan en esa religión, en pequeña o gran medida, influencian nuestro pensamiento. En mi caso, fui criado en un hogar cristiano en el que recibí muy buenas enseñanzas, pero ninguna relacionada con la vida sexual. Así que llegué al matrimonio como llega la mayoría de las personas en América Latina: sin una instrucción apropiada. Lo cierto es que si no hemos tenido una instrucción formal, quedamos a expensas de actuar según nuestro criterio y casi por instinto.

Lamentablemente, también existen personas criadas en un medio ambiente inadecuado. Algunos fueron criados en hogares donde era normal ver revistas pornográficas o fueron influenciados por lo que los amigos hablaban con respecto a la vida sexual. Sin embargo, la mayoría de toda esta información era errónea.

«La falta de conocimiento, las enseñanzas erróneas y nuestra desobediencia provocan que desarrollemos serias dificultades en la relación sexual».

No es de extrañarse que tengamos tantos conflictos en el área de la intimidad y que nuestros conceptos sean tan superfluos. Conocemos la realidad y creo que la mayoría de las personas estará de acuerdo conmigo en que la educación sexual estuvo ausente, o fue muy limitada. Es muy triste, pero por años, los padres y la iglesia han guardado silencio pues estos temas han sido tabúes. La falta de preparación de los líderes y la ausencia de enseñanzas bíblicas y prácticas crearon un ambiente de ignorancia en la gran mayoría de las parejas en camino al matrimonio. Muy pocas parejas recibieron asesoramiento prematrimonial integral. Esta actitud errónea de los líderes de la iglesia creó un vacío de información bíblica. Las dos fuentes de información correcta más importantes —la familia y la iglesia— guardaron un lamentable silencio. Debido a esta falta de conocimiento, a lo que aprendimos mal y a lo que conocemos bien, pero decidimos desobedecer, es que tenemos serias dificultades en las relaciones sexuales en la vida conyugal. Estas son suficientes razones para que cada matrimonio que anhela con todo el corazón aprender a tener una verdadera intimidad, evalúe y reconozca sus convicciones, y tome la decisión de cambiar las ideas y pensamientos que no tienen fundamento bíblico y que están provocando conflictos en la relación matrimonial.

Recuerde que estamos en un capítulo de evaluación, por lo que le ruego que mientras vaya leyendo, piense en su situación. Además, si están haciendo lo que he sugerido; es decir, leer el libro junto a su cónyuge, las siguientes preguntas les ayudarán a conversar sobre las diferencias que existen en sus convicciones:

- Creo que las caricias en las partes íntimas son un juego carnal y no se deben realizar:
  SÍ _____ NO _____

- Creo que solo debemos utilizar una posición en nuestras relaciones sexuales:
  SÍ _____ NO _____

- Creo que es un pecado tener relaciones sexuales orales:
  SÍ _____ NO _____
- Creo que el hombre siempre debe tomar la iniciativa:
  SÍ _____ NO _____
- Creo que es permitido tener relaciones anales si ambos estamos de acuerdo:
  SÍ _____ NO _____

UNA EVALUACIÓN DE LA INTIMIDAD

Debido a que muchas parejas no han entendido cuál es el grado ideal y la calidad aceptable de la relación íntima, creen que están haciendo lo correcto. Sin embargo, pueden estar equivocados. Muchos se han acomodado a su vida sexual dolorosa porque no tienen claridad para saber cuál debería ser la práctica normal. Algunos cónyuges se sienten frustrados y otros ignorados porque, aunque tienen buenas intenciones, no comprenden bien la vida sexual.

Una conversación sincera y sobre todo, con un buen análisis realizado en unidad y una determinación a cambiar, pueden lograr avances rápidos y significativos. Si con el fundamento de las enseñanzas recibidas en este libro identifican sus errores y ambos realizan las correcciones, su vida sexual cambiará radicalmente. Si no pueden superar los conflictos es necesario que busquen ayuda. Con ayuda profesional podrán identificar los problemas y recibir la instrucción y directrices necesarias. Si su cónyuge sufre de eyaculación precoz y no han podido superar el problema, existen técnicas para que la esposa le ayude. No obstante, si no pueden corregir el error, deben consultar a un profesional. Hay mujeres que tienen poco interés en las relaciones sexuales y si después de conversar, realizar cambios y establecer nuevas técnicas, persiste el problema, deben buscar ayuda. Si el marido tiene problemas de erección o si la esposa experimenta mucho dolor y por ello evita tener relaciones sexuales o no experimenta satisfacción, deben buscar orientación. Cuando ignoramos estos problemas que se manifiestan en la práctica sexual y no buscamos ayuda estamos condenados a la desilusión.

Para corregir los errores deben hablar con libertad sobre cómo se sienten con respecto a la forma en que practican las relaciones sexuales. Estoy convencido que estas preguntas que deben contestar con un «sí» o un «no» les ayudarán por lo menos a abrir las puertas para tener un diálogo sincero y objetivo sobre las convicciones que cada uno tiene con respecto a su vida sexual:

- ¿Estoy satisfecho(a) con nuestra práctica?:
  SÍ ___ NO ___

- ¿Me molestan algunas exigencias de mi cónyuge?:
  SÍ ___ NO ___

- ¿Me siento usada(o) en algunas ocasiones?:
  SÍ ___ NO ___

- ¿Me siento rechazado(a) constantemente?:
  SÍ ___ NO ___

- ¿Estoy satisfecho(a) con la frecuencia?:
  SÍ ___ NO ___

- ¿Regularmente disfruto del orgasmo?:
  SÍ ___ NO ___

UNA EVALUACIÓN DE LA ACTITUD SEXUAL FRENTE A LA VIDA SEXUAL

La actitud errónea que los cónyuges adoptan no es producto de los errores que han cometido. La actitud con que enfrentamos la vida no depende de las cosas que suceden o de cómo nos traten las demás personas. La actitud es una elección que hacemos. Hay cónyuges que a pesar de sus errores, la ignorancia y aun las heridas que le han provocado en su vida sexual, han tomado la decisión de buscar ayuda y tener una actitud positiva para cambiar y aprender a actuar sabiamente.

Mi interés es promover una nueva actitud, pues a pesar de todo el conocimiento que adquieran, si no cambian de actitud, nada cambiará radicalmente. Estoy convencido que las parejas que adquieran el conocimiento necesario, se sujeten a los más altos valores morales y tengan una actitud de respeto y apoyo mutuo, disfrutarán de una vida sexual que satisfará ambos y que les permitirá disfrutar de gran cercanía y mucho placer. Es por eso que comparto la información necesaria y le he dado instrucción directa de cómo proceder. Sin embargo, esto no sirve de nada si usted y su cónyuge no deciden tener una nueva actitud.

Negarse a conversar sobre su situación, negarse a cambiar, no ayudar con amor a su cónyuge a identificar sus errores y no aceptar sus propios errores son motivos para un seguro fracaso. Tratar de ignorar los problemas no los soluciona. Postergar la búsqueda de ayuda pone en peligro la relación conyugal. Recuerden que ustedes son los únicos responsables de buscar la solución a los problemas en su matrimonio. Si su cónyuge se niega a buscar ayuda, usted debe buscarla. Si su cónyuge no quiere confrontar sabiamente la situación, es necesario que por lo menos usted busque ayuda inmediatamente y aprenda a manejar su situación con sabiduría. Aunque usted no debe esperar que su cónyuge sea el único responsable de su satisfacción, sí debe entender que ambos deben participar sabiamente.

> *«Si su cónyuge se niega a buscar ayuda o a conversar con sinceridad sobre la situación conflictiva, es necesario que por lo menos usted busque ayuda de inmediato y aprenda a manejar su situación con sabiduría.*

Una de las grandes dificultades que experimentan las parejas aparece cuando cada uno se siente el *único* responsable de la satisfacción o realización sexual de su cónyuge. En cierta medida esto tiene algo de verdad, pero también cada individuo es responsable de sí mismo. Un esposo o una esposa pueden estar haciendo todo lo posible por ayudar a proveer de los elementos apropiados para la satisfacción de su cónyuge, pero si no existe una buena actitud personal, todos los esfuerzos son en vano.

He notado que algunas parejas que han buscado asesoramiento no logran solucionar su situación, y hasta la agravan, pues no solo no aceptan sus errores, sino que también siguen pensando que la otra persona es la única responsable de corregirlos. Sin embargo, en una relación matrimonial las dos personas tienen que estar de acuerdo y ambos tienen la responsabilidad de trabajar en la corrección del problema. Usted no es el único responsable de la satisfacción de su cónyuge, pero debe comportarse tan sabiamente, debe tratar con tanta ternura y debe conocer tan detalladamente cómo tener relaciones íntimas que pueda proveer el ambiente necesario para las relaciones satisfactorias.

Esta nueva actitud con respecto a la vida sexual debe mover a los cónyuges a actuar con responsabilidad. Deben comprender que lo hermoso de la vida sexual es el hecho de que ambos se necesitan, ambos son responsables de su preparación y ambos son responsables de la preparación de su cónyuge. Ese sentido de responsabilidad personal y de responsabilidad mutua permite una relación integral.

Cuando el hombre no puede responder con una erección y la mujer siente que es la única responsable de proveerle la realización sexual, se sentirán frustrados. Si la mujer no toma su responsabilidad en involucrarse en su excitación y por ello no se siente estimulada, y por otro lado el hombre se siente culpable de que ella no logre la satisfacción, se sentirán decepcionados. Es un error pensar de esta manera pues en el matrimonio es esencial la estimulación y la participación de ambos, y los dos deben pensar en sí mismo y en su pareja. Ambos debemos hacer el mayor esfuerzo para contribuir en la estimulación de nuestro cónyuge, pero no somos responsables de la barrera emocional que él o ella pueda poner. No tenemos la capacidad de cambiar la forma de pensar de nuestro cónyuge.

No piense que al aprender todas las técnicas y al practicarlas con destreza, tendrá de seguro una vida sexual apropiada. Estoy seguro que tendrá más habilidades y conocimiento para tener la satisfacción necesaria. Sin embargo, si su cónyuge no aprende las mismas técnicas, no elige una buena actitud, ignora los aspectos sicológicos y emocionales de la relación íntima, no podrán tener relaciones sexuales adecuadas.

Para evaluar el grado y la calidad de su intimidad contesten «sí» o «no» a las siguientes preguntas:

* ¿Siento que solo yo busco las relaciones sexuales?:
  SÍ ___ NO ___

* ¿Siento que mi cónyuge tiene poco interés en la vida sexual?:
  SÍ ___ NO ___

* ¿Siento que nos apoyamos mutuamente para lograr la estimulación?:
  SÍ ___ NO ___

* ¿Siento que mi cónyuge tiene una actitud negativa?:
  SÍ ___ NO ___

* ¿Siento que ninguno de los dos quiere ceder?:
  SÍ ___ NO ___

* ¿Creo que no queremos conversar sobre nuestros problemas?:
  SÍ ___ NO ___

* ¿Siento que los dos tenemos una actitud de apoyo y respeto mutuo?:
  SÍ ___ NO ___

UN ENCUENTRO SINCERO ENTRE DOS FALIBLES QUE SE AMAN

No tengo dudas que la mayoría de las parejas se aman. Estoy convencido que muchos no han sabido amar. No han conocido ni siquiera cuál es la definición divina del amor y de la relación conyugal. Creo que han hecho sus mejores esfuerzos por cumplir sus responsabilidades —de acuerdo a sus ideas— pero no han podido cumplir el propósito divino. Su mejor esfuerzo no es suficiente para que cumplan el propósito que Dios determinó para la sexualidad. Por ello le sugiero que lea mi otro libro sobre la vida sexual pues le ayudará a entender el propósito que Dios estableció para nuestra intimidad matrimonial.

Si están leyendo este libro juntos hagan lo que les solicito. Si lo está leyendo solo o sola, busque el momento oportuno para hacer lo que sugiero. Si está separado y tratando de reconquistar a su cónyuge, antes de aplicar lo que este libro le ha enseñado, debe adquirir otros de mis discos compactos, casetes, videos o libros que le ayuden a comprender sus errores, los errores de su cónyuge, y que le permitan identificar cuán diferentes son.

Si están leyendo juntos, este es un momento de transición muy importante. Quiero que hablen con sinceridad.

Acuerden sabiamente
Acuerden que no permitirán que su vida continúe de la misma manera. Acuerden que trabajarán juntos y serán sinceros. Lleguen al acuerdo de que van a tomar las medidas necesarias para buscar la intimidad integral.

Busquen ayuda
Tal vez ambos o uno de ustedes no se siente capaz de realizar tantos cambios. Quizás usted o su pareja no siente la libertad de revelar su dolor. Uno de los cónyuges puede estar guardando un secreto de traumas pasados que no sabe cómo solucionar. Uno de ustedes puede haber fingido una vida sexual satisfactoria, pero todo ha sido un acto de protección. Tal vez ambos tienen serios temores y no saben por dónde empezar. Quizás ya hablaron antes y no pudieron solucionar el problema, y sienten que una vez más van a hablar lo mismo, aunque ahora con más conocimiento. Pero si estos son algunos de sus sentimientos, deben acordar buscar ayuda profesional. Si es así, deben interrumpir este proceso, aunque deben seguir leyendo el libro, pero no pueden ignorar la necesidad de buscar ayuda competente.

Confiesen sus faltas

Usted ya ha identificado algunas de sus faltas. Si durante su lectura se ha dado cuenta de muchos errores, entonces, debe esperar para cumplir con este paso. En este tiempo de espera deben hacer una lista de sus errores y concepciones erróneas. Identifique con claridad qué estaba haciendo mal y cuáles eran las ideas que le motivaban a actuar de esa manera. Cuando haga su lista, comprenda que usted ha sido culpable de hacer sufrir a su cónyuge, aunque se haya equivocado por ignorancia. Comprenda que su cónyuge ha sufrido y tal vez tiene grandes heridas. Entienda que tal vez usted no ha pesado la gravedad de sus acciones, pero si le ha dolido poco o mucho a su cónyuge, le ha dolido. Ahora, sienta dolor por haberse equivocado. Ese acto de empatía le llevará a ser sensible y demostrar una sensibilidad y comprensión que su cónyuge ha estado esperando.

Cuando estén capacitados para compartir su larga lista, confiese con dolor. Admita con sinceridad y confiese sin defensa. No justifique sus errores, no racionalice ni dé explicaciones, solo exprese una confesión sincera. Cada uno de ustedes debe hacerlo. Cuando le toque su turno, explique con el propósito de que su cónyuge se sienta comprendido. Cuando esté escuchando la confesión sincera de su cónyuge, demuestre que está comprendiendo la situación.

Cada uno tome el tiempo necesario para leer su lista y pedir perdón por cada falta cometida. Luego tómense de las manos y únanse en un momento de oración. Este es el momento de pedir perdón a Dios por no haber cumplido su propósito y por haber causado dolor a su cónyuge. Luego oren el uno por el otro y hagan juntos una promesa de corregir los errores, ser comprensivos cuando vuelvan a fallar, y aceptar la exhortación de su cónyuge cuando él o ella se dé cuenta de que están volviendo a cometer los mismos u otros errores.

Decidan controlarse mutuamente

Es esencial que seamos responsables ante alguien y no existe mejor persona que aquella que usted ama, que le ama y con quien realizó el acuerdo. Todos somos seres humanos y seguiremos cometiendo errores. La tendencia a actuar con egoísmo, o la costumbre de ignorar ciertos deberes, nos seguirán mientras vivamos y como consecuencia seguiremos fallando aunque hagamos todo esfuerzo por evitarlo. Por eso en los países existen las leyes, las autoridades ante quienes somos responsables y las sanciones cuando las transgredimos. Nos hace bien el control. Nos ayuda la organización, las consecuencias y las recompensas. Nos ayuda ser responsable ante una persona y programarnos para no enojarnos cuando identifican nuestros errores. Nos ayuda que alguien que nos ama nos corrija, y que alguien que quiere nuestro bien nos observe en forma objetiva.

Elijan comenzar a descubrir tesoros

Este es un momento grandioso en su relación. Si han identificado sus errores, los han confesado, se han perdonado, ha pasado por un proceso de sanidad y han acordado ayudarse mutuamente, esta es su oportunidad de comenzar a descubrir los tesoros maravillosos. Estos fueron sabiamente ubicados por Dios para que quienes están verdaderamente interesados en vivir bajo principios divinos y amar a su cónyuge como Él espera, los descubran en el proceso de ser sinceros y tener empatía en su relación conyugal.

Estos tesoros son difíciles de encontrar. No es que Dios los haya escondido para amargarnos la vida o hacerla más complicada. Dios determinó cómo esas valiosas joyas serían parte de la intimidad, pero el pecado de nuestros primeros padres creó una neblina que impide que en forma natural funcionemos bajo las indicaciones divinas.

«Necesitamos la dirección del Espíritu Santo y la guía de la Palabra revelada de Dios. Necesitamos líderes responsables que interpreten las Escrituras con sabiduría. Además, se requiere una buena actitud, un corazón que pertenezca a Cristo y mucha empatía para poder descubrir estos tesoros que son esenciales para tener verdadera intimidad».

Aunque todos fuimos influenciados por la caída de Adán y Eva, todos tenemos también la oportunidad de actuar en obediencia y hacer lo correcto. Todos podemos descubrir los tesoros que están camuflados en nuestra relación conyugal, aunque tristemente la mayoría no lo haga. Aquello que Dios creó para que fuera visto, apreciado, sentido y practicado en forma natural en el estado de inocencia previo al pecado, se convirtió en tesoros escondidos que no pueden descubrir aquellos que se dejan guiar por su instinto, sus emociones personales o sus pasiones naturales. Ahora necesitamos la dirección del Espíritu Santo, la guía de la Palabra revelada de Dios, para mostrarnos la verdad. Necesitamos líderes responsables que interpreten las Escrituras con sabiduría. Además, se requiere una buena actitud, un corazón que pertenezca a Cristo y mucha empatía para poder descubrir estos tesoros que son esenciales para tener verdadera intimidad.

Le invito a que abra sinceramente su corazón para que en el siguiente capítulo descubramos lo que se necesita para tener intimidad integral. Estoy convencido que el Espíritu Santo me ha guiado y ha guiado a otros a dar orientación bíblica con respecto a la intimidad. Estoy seguro que el Espíritu Santo le ha guiado a buscar ayuda y está dispuesto a iluminar su camino en la búsqueda de la intimidad como Dios la diseñó. Estoy seguro que he investigado la revelación bíblica con responsabilidad, profesionalismo e integridad. Lo único que se necesita es un corazón dispuesto a aprender, a ser guiado por Dios, que tenga una buena actitud y que haya decidido tener empatía con la persona que dice amar. ¿Es usted esa persona?

DESCUBRA LOS TESOROS DE LA INTIMIDAD INTEGRAL

DESCUBRA LOS TESOROS DE LA INTIMIDAD INTEGRAL

«Tener relaciones íntimas, tiernas, sabias y provechosas no es una consecuencia natural de un encuentro rápido y casual. Ambos cónyuges deben tomar decisiones firmes e inteligentes, y hacer todo esfuerzo necesario para tener relaciones íntimas con dulzura y ternura».

Una profunda evaluación no es todo lo que necesita para tener una intimidad saludable. Usted puede ser evaluado profesionalmente por un médico y pueden descubrir la enfermedad, pero si no toma la determinación de tomar la medicina y hacer los cambios necesarios, de nada servirá. Dado que usted ha identificado que han existido errores en la concepción y la forma como han desarrollado su intimidad, ambos deben tomar decisiones firmes para poder lograr tener una intimidad apropiada y tierna.

La intimidad integral es el resultado de la búsqueda y el encuentro de una serie de tesoros que están escondidos a los ojos de los superficiales. Aquellos que solo van de aventura y en búsqueda de satisfacción personal, nunca lograrán descubrir los tesoros que enriquecen la vida conyugal. Pueden estar casados y tal vez disfrutar de satisfacción personal, pero no pueden logran la cercanía e intimidad mutua que es esencial.

En este capítulo le guiaré en la búsqueda de los más grandes tesoros que son parte de la vida de intimidad. Le aseguro que cuando ambos los descubran y ambos determinen ser participantes tiernos y activos de su vida sexual conyugal, con toda seguridad, ambos disfrutarán de la más profunda intimidad.

PROCESO: TESOROS MARAVILLOSOS QUE VAMOS ABRIENDO LENTAMENTE

La relación sexual no es un encuentro súbito. Es un proceso de ternura y empatía bien preparado que tiene un inicio, pasos intermedios y un gran final. No tengo idea de lo que se debe hacer para realizar una buena búsqueda de tesoros, pero puedo imaginarme algunos pasos para realizar una buena tarea para descubrir los tesoros de la intimidad humana:

Primero, *debemos tener interés en los tesoros.* Nadie buscará lo que no desea, lo que no le agrada o lo que no le gusta. Un tesoro es algo valioso para quien lo declara valioso.

Segundo, *creo que la persona que se decide a buscar tesoros debe estar convencida de que existe uno.* Quien busca tesoros sabe que en algún lugar existe eso que ha determinado buscar. Está intrigado por la idea, y movido por su imaginación y convencimiento de que existe.

Tercero, *decide buscarlo.* Su convencimiento y deseo es tal que le motiva a tomar acciones que le conduzcan a lograr su objetivo. No le importa cuánto tiempo va a necesitar, ni cuánto esfuerzo demanda. La decisión es conseguir aquello que tiene tanto valor para él y que vale la pena lograrlo.

Cuarto, *se prepara sabia e integralmente para su búsqueda.* La persona está convencida que un tesoro tan grande no es fácil de encontrar. Además sabe que nada logrará con improvisación, impavidez ni mediocridad. Su pasión por encontrarlo, su confianza en conseguirlo, su determinación para alcanzarlo es tan grande, que buscará con dedicación el conocimiento imprescindible, las herramientas necesarias y el consejo más sabio para lograr lo que tanto ama.

De eso se ha tratado este libro. He realizado un serio esfuerzo para hacerle conocer el plan divino y las herramientas que ha dejado el Creador que diseñó una vida sexual tan maravillosa, y para que la disfruten los que deciden amar como Él nos ama. Usted debe estar seguro de lo que quiere. Debe estar seguro que quiere descubrir los tesoros de la intimidad. Dios sabe dónde está el tesoro y ha querido compartirlo con usted, utilizándome a mí, porque he buscado el tesoro y lo he encontrado. Dios quiere ayudarle y guiarle pues Él sabe dónde están los tesoros de intimidad que Él creó y que nosotros tanto anhelamos.

Es posible llegar a ser «una carne» en la relación sexual, así como nos manda y nos describe la Biblia, porque Dios así lo diseñó. Él no pide nada de nosotros sin antes habernos dado el potencial para poder cumplirlo. Y Él nos ha descrito que para tener intimidad, para poder llegar a ser una carne, es imprescindible tener unidad integral.

La verdad es que Dios no solo sabe dónde están los tesoros de intimidad, sino que además nos creó con necesidades que demandan satisfacción. Dios nos diseñó para anhelar esos tesoros. Fue Dios, y no nosotros, el que puso ese profundo anhelo de ser íntimos. Me alegra saber que no voy a estar perdido por falta de dirección. Más bien, Dios nos da el mapa para encontrar tan hermoso tesoro. ¿No cree que Dios es maravilloso? Es cierto, por momentos nuestra búsqueda puede ser decepcionante o podemos sentir que es infructuosa, pero la verdad es que cada uno de nosotros tiene todo lo necesario para seguir las instrucciones divinas y practicar sus mandamientos. Usted no pierde su tiempo al decidir que será un buscador de los maravillosos tesoros de la intimidad. Sin embargo, perderá irremediablemente su tiempo si no utiliza el potencial que Dios le dio.

«Dios no solo sabe dónde están los tesoros de la hermosa intimidad que tanto anhelamos sino que nos diseñó para que los deseemos y nos da el mapa y las herramientas necesarias para encontrarlos».

Si usted está preparado, le invito a descubrir tesoros. Si su cónyuge está de acuerdo y ambos han decidido nadar profundamente y disfrutar de esta aventura, entonces acompáñenme para ir mostrándoles cuáles son los tesoros que deben ir descubriendo cada vez que deciden no solo juntar sus cuerpos, sino juntar sus emociones y disfrutar de una de las más hermosas relaciones.

El tesoro del encuentro: *Evite los cambios bruscos*
Este es el primer tesoro en su búsqueda de la verdadera intimidad. Evite los cambios bruscos. Cuando se encuentren para tener intimidad, tomen su tiempo para prepararse y no decidan unirse sin un tiempo de transición. Los cambios bruscos son peligrosos, o por lo menos, provocan estragos, problemas, incomodidades y reacciones innecesarias. No me mal entienda. No digo que los cambios son malos, sino que la brusquedad con que los realizamos puede provocar consecuencias innecesarias o por lo menos reacciones incómodas.

Papallacta es un pequeño pueblito de Ecuador. En un par de ocasiones visitamos ese pintoresco lugar, pues cerca de la planta productora de energía de la Radio HCJB, la Voz de los Andes, existe una serie de piscinas termales. En una sola ocasión se me ocurrió meterme en las frías aguas que venían de la montaña, y que se acumulaban en piscinas, y luego lanzarme en un clavado en las aguas termales. El cambio brusco de temperatura fue impresionante. Me sentí todo confundido y mi cuerpo sintió como que lo traspasaban miles de pequeñas agujitas. Dicen que es bueno, tal vez lo sea, pero lo brusco del cambio generó una serie de reacciones desagradables y dolorosas en mi cuerpo. Eso es lo que quiero ilustrar. El cambiar de un mundo de actividades que hemos realizado durante el día a la paz y la armonía de las relaciones sexuales requiere de preparación. No debemos hacer un cambio brusco en nuestro encuentro con el cónyuge. Debemos prepararnos para el cambio para no tener reacciones desagradables. Por ejemplo, imagínese que está como león cazador hambriento esperando en la camita a su esposa. Ella acaba de limpiar los baños, ha cocinado brócoli y coliflores, y con la boca llena de ajo se acerca muy sexy a tener relaciones sexuales con usted, que de paso, por lo motivado que venía, aun sin bañarse se lanzó de la mecánica a la cama. Me imagino que ninguno de los dos se sentirá en las mejores condiciones para tener la más hermosa intimidad. Necesitamos una linda transición de las tensiones, el cansancio, el ejercicio y el sudor que son parte de la vida activa, y el mundo de la dueña de casa o el mundo laboral, al mundo de ternura, cercanía, suavidad y caricias de las relaciones sexuales.

Es imprescindible que decidan descubrir con ternura el tesoro del encuentro. Tenga expectación, realice la mejor preparación y haga una tierna transición de su mundo de actividad al maravilloso mundo de la intimidad.

> «*Realice la mejor preparación antes de iniciar su proceso de acercamiento para tener intimidad. Con un cuerpo completamente limpio y sus emociones enfocadas en la persona amada, haga una tierna transición de su mundo de actividad al maravilloso mundo de la intimidad*».

Una de las condiciones esenciales de este tesoro es que la pareja determine que su encuentro será sin interrupciones. Ambos deben tomar todas las medidas para evitar al máximo los estorbos y toda perturbación. Por supuesto, no hay nada mejor que apagar la televisión que es una de las más grandes fuentes de distracción y retraso de las relaciones sexuales. Aunque creo que si la pareja se pone de acuerdo para ver en la cama un programa que no sea transmitido muy tarde y durante esa hora ambos están desnudos acariciándose, no creo que sea perjudicial. Más bien creo que acariciarse durante una hora aunque no estén totalmente enfocados el uno en el otro, no solo es algo que se disfruta, sino que prepara su cuerpo para la excitación. Si esta hora de ver televisión mientras se acarician no les roba el tiempo que necesitan para su encuentro, ni les produce un cansancio que les motive a evitar la relación sexual posteriormente, no creo que sea perjudicial.

El tesoro del cambio: *Planifique el cambio de ritmo*

Usted y yo estaremos de acuerdo en que una pareja puede juntar sus cuerpos rápidamente. Por supuesto, quitarnos la ropa y abrazarnos no toma mucho tiempo. Usted sabe que aun podemos sentir estímulo al juntar nuestros cuerpos bien vestidos. Si le dijera que podemos ser íntimos rápidamente, usted rechazaría mi afirmación. Ninguna relación cercana es inmediata. Si usted me dice que la relación de cercanía e intimidad con sus hijos fue inmediata, no puedo creerle, y pensaré que está sinceramente equivocado. Su niño nació con limitaciones que le impedían tener una cercanía integral. Es cierto que durante su proceso de crecimiento ha ido cambiando. Al nacer ni siquiera se sonreía con usted sin importar cuanta pirueta, caricia y morisqueta le haya hecho. La cercanía, su intimidad ha sido el resultado de un proceso.

Iniciar el acercamiento integral de los cónyuges no es asunto de un momento. Por esto las relaciones sexuales que se limitan a un encuentro rápido no cumplen el verdadero objetivo de esa relación íntima ni producen verdadera satisfacción. Existe una etapa de transición para cambiar del mundo apresurado de la actividad al mundo tierno y pacífico de la intimidad. Ese cambio debemos prepararlo. Cada vez que estoy corriendo en mi máquina de hacer ejercicios y decido parar, tengo que ir disminuyendo lentamente la velocidad. Hace algunos días estaba solo en casa y sonó el teléfono. Sin pensarlo, caí en la tentación de ir a buscar el aparato y contestar la llamada. Estaba caminando rápido en la caminadora y me bajé de inmediato, solo para darme cuenta de mi error. Mi mente siguió moviéndose a toda velocidad y se me armó una terrible confusión. Eso sin contarle del buen tropezón que me di. Lo mismo ocurre cuando queremos parar después de un día de agendas ocupadas, movimiento, esfuerzo por resolver conflictos. En fin, días de mucha adrenalina dándonos poder. El secreto es tener cuidado con el cambio de ritmo. Piense en estas importantes observaciones que he tenido que analizar profundamente en mi propia vida.

Después de un día ocupado en que he tenido que conversar con otras personas y hablar mucho, debo prepararme para el cambio. Usted no se imagina cuántas palabras salen cada día de mi boca. Instrucciones y conversaciones con mi secretaria, contestar llamadas telefónicas, realizar algún asesoramiento, grabar programas de radio, dictar conferencias a mi secretaria y grabar, grabar y grabar. ¿Cree que llego a mi casa con algún deseo de hablar? ¿Cree que en forma natural voy a querer escuchar los conflictos que ha experimentado mi esposa durante tantas horas en el hogar? Seguro que no. En forma natural no deseo seguir conversando, pero debo ser sensible pues para eso mi esposa me ha estado esperando. Ella se la pasa sola en la casa ocupada en sus actividades, pero con muy poca oportunidad de conversación. Después de un día de silencio, ¿cree que está preparada para sentarse a comer con un marido silencioso? Por supuesto que no. Después de un día de acción, decisiones y preocuparme tanto de lo que es parte de mi mundo, ¿cree que en forma muy natural llegaré a preocuparme de lo que realmente anhela y desea mi mujer? Por supuesto que no. Por ello, ambos debemos prepararnos para el cambio.

Después de algunos días de anhelar tener relaciones íntimas con mi esposa y si me doy cuenta que ella está abierta a la posibilidad de tenerlas —aunque me ha comunicado que está cansada y tiene sueño— ¿cree que en forma natural estoy dispuesto a postergar la satisfacción de mi deseo? Por supuesto que no. Y por ello necesito prepararme para el día que tendremos relaciones sexuales. Tampoco es natural que ella, después de un largo día de anhelar descanso, relajarse y evitar toda presión, sienta que es hermoso sentir la presión de tener relaciones sexuales tan pronto llega a la cama. Por eso debe prepararse para el día en que vamos a tener relaciones sexuales.

La conclusión es sencilla. Existe una inmensa necesidad de no hacer cambios bruscos y de prepararse para el cambio que les permite involucrarse integralmente como pareja. Debemos prepararnos para enfocar en la ocasión y las personas. Debemos determinar que tomaremos acciones que nos facilitarán y permitirán el acercamiento. Debemos hacer todo esfuerzo y realizar las acciones imprescindibles para cambiar de ritmo. Debemos ir de la tensión a la paz, del enfoque en muchas cosas, al enfoque exclusivo en la persona amada y el agrado, estímulo y satisfacción de ambos. Debemos dejar de lado el ritmo que llevábamos en el ocupado día laboral, y enfocarnos en la quietud y ternura del encuentro amoroso. No más presión, no más ordenes, apremio y coacción. No más obligación insensible o rutina de procedimientos. Este es el momento de prepararnos para el cambio y mentalizarnos que será hermoso el encuentro amoroso.

«Prepárese física, emocional y espiritualmente para el lógico cambio de ritmo que deben realizar. Recuerde que hacer una transición requiere planificación. Van de un día en el que han estado separados por la fuerza de las presiones, la tirantez de las tensiones y la carga de las decisiones, a la ternura, empatía y conversación tierna e informal que es imprescindible para iniciar el proceso de la intimidad integral».

Es una obligación cumplir con el deber conyugal de tener relaciones íntimas, tal como es una obligación comer y es obligación tener respeto. Pero cumplimos bien esas obligaciones cuando nos preparamos para hacerlo correctamente. No es bueno ni saludable comer de mala gana, no es sabio respetar pero de mala gana, no es sabio ni es bueno tener relaciones sexuales con su esposo, de mala gana. Prepárese para este hermoso cambio, pues mientras más suave y sensible sea la transición, mas disfrutarán de la ocasión. No existe presión ni decepción cuando ambos cónyuges se ponen de acuerdo, se preparan y realizan un encuentro bien planificado.

El tesoro de la unidad: *Realice la conexión*

Es obvio que no puede «conectarse» sin una conexión. Usted no puede conectarse con su cónyuge sin tener una buena conexión que le permita disfrutar de la unidad y hermosos momentos de cercanía, ternura, dulzura y comprensión. El tesoro de la unidad es clave para disfrutar de verdadera intimidad.

Después de recorrer todas las conexiones que existían para conectar mi televisor, me di cuenta que todo parecía estar en orden. Sin embargo, a punto de comenzar un partido de fútbol de la selección chilena, la imagen no aparecía en el canal que lo transmitiría. Frustrado, llamé a la compañía de cable para quejarme. La respuesta fue tan lógica que me dejó desarmado y sin posibilidad de reclamo. «Señor, usted no tiene conexión pues no ha pagado lo que cuesta esa transmisión». Había decidido ver el partido, pero no cumplí con toda mi tarea. No hice todo lo exigido para lograr la conexión y así disfrutar de lo que anhelaba. Algo muy similar ocurre con la verdadera intimidad. No puede tener la conexión imprescindible sin haber cumplido con todo lo que se exige. Lamentablemente, algunos no alcanzan la verdadera intimidad pues quieren la mejor de las conexiones sin cumplir con excelencia sus obligaciones. Esto no funciona en la intimidad. Debemos tener una planificación sabia y acciones adecuadas para realizar la conexión necesaria.

Tenemos ideas y convicciones firmes que nos impiden salir de las costumbres. Mantenemos costumbres que nos hacen caer en rutinas; rutinas que impiden la vida de intimidad. Como he dicho antes, la gran mayoría dejamos la intimidad para el final del día. Cuando se acaba el día y con él nuestras fuerzas, especialmente la energía de las mujeres, es cuando generalmente intentamos tener intimidad. Actuamos como si fuera un pecado buscarla en otro momento. Cuando ya no tenemos fuerzas y estamos agotados no es tan sabio tener relaciones sexuales. Después de ver las noticias y un programa de medianoche, cuando no sabemos ni que pensamos, es muy complicado y difícil tener esa intimidad que tanto hemos anhelado. Cuando ambos hemos terminado nuestras diferentes ocupaciones y queremos descanso y evitar toda presión, no es apropiado tratar de propiciar una relación. Por ello debemos dedicar tiempo para prepararnos y luego para acercarnos y estimularnos. Es imposible realizar la verdadera conexión sin una adecuada planificación. Debemos iniciar conversaciones cortas con temas variados que nos comiencen a relajar. Pequeños comentarios, palabras de afirmación y admiración. Agradecerse mutuamente por el aporte personal en cada uno de los trabajos que realizan y a la relación conyugal. Momentos de compartir las derrotas sin buscar soluciones, instantes para compartir los logros sin entrar en miles de detalles. Momentos de abrir el corazón. Es necesario ser sensibles sin ser muy delicados, ser sinceros sin ser impropios, ser directos sin ser hirientes. Es imprescindible identificar las barreras que les estén separando. Dije «identificar» no discutir. No me gusta ese perfume. No me agradó el tono de tu respuesta cuando te pregunté de muy buena gana. Me incomodó tu comentario cuando te llamé por teléfono. No me gusta que discutas al frente de los niños. Siento que se te pasó la mano con la disciplina. Estas son declaraciones que deben ser aceptadas y que rompen ciertas barreras que se han creado. Aunque el cónyuge no las vea, usted las siente y le afecta, y si está molesta, es mejor hablarlas. No dije que intenten ponerse de acuerdo y discutan sus diferencias, pues les aseguro que discutirán toda la noche y no lograrán nada. Bueno, sí creo que lograrán algo. Lograrán una inmensa frustración, enojo y decepción.

También pueden existir barreras físicas como el descuido en la limpieza, o barreras emocionales, como el enojo por el rechazo que sintió cuando llamó por teléfono o un pequeño resentimiento por la discusión del domingo en la mañana. Eso está allí en la mente de ella y se necesita de una mujer sabia, que con ternura exhorte a su marido; y un marido sabio, que con amor acepte los sentimientos de ella sin otra respuesta que: «Perdón mi amor». Es en esos momentos en que necesitan comprensión y perdón mutuo, para continuar con su encuentro y su necesaria conexión.

Unidad y diversidad
La relación matrimonial se desarrolla en un contexto de unidad. Los cónyuges no necesitan tener unanimidad de pensamientos ni uniformidad en sus ideas, pero deben tener unidad. La unidad no nos motiva a rechazar las diferencias, más bien nos anima a amarlas y a vivir con diversidad.

De la variedad de ideas y pensamientos, de las diferentes tareas, circunstancias y experiencias, los cónyuges deben dirigirse hacia la unidad y esto deben realizarlo con inteligencia y paciencia. Recuerden que ambos vienen de un mundo distinto y no saben qué ha ocurrido en la vida personal de su cónyuge mientras han estado separados durante el día.

Cuando llego a mi casa, no sé que ha vivido mi esposa. Por su parte, ella tampoco tiene idea de cuáles han sido mis tareas, ni sabe si he sufrido dolor, angustia o alegría. Somos dos seres que se aman, pero que no tienen idea de lo que ha ocurrido en su mundo interno y externo. Eso nos deja como extraños tratando de ser íntimos. Por supuesto, que podemos hacer lo que hacen la mayoría de las parejas. Podemos ignorar los sentimientos, el cansancio, las necesidades de nuestro cónyuge y tener relaciones sexuales en forma automática al acostarnos. Podemos juntar los cuerpos mientras el hombre piensa que tiene el derecho de hacerlo y mientras la mujer piensa que tiene la obligación de responder. No obstante, la vida de intimidad requiere mucho más que eso.

Tratar de ser íntimos es buscar la comunión, la afinidad. Es encontrar la correspondencia entre los cónyuges. Es buscar que el mundo interno y externo de ambos se afine, pues si no logramos la reconciliación de esos mundos, si no buscamos la comunión, no podremos establecer la conexión necesaria. Sin la respectiva unidad, sin entender que vamos juntos en la vida, luchando por los mismos objetivos, no tenemos unidad. Sin entender que las funciones de ambos han sido agotadoras e importantes y que pese a que hemos cumplido roles distintos y hemos estado separados, ambos merecemos tratarnos con cariño y unirnos sin presión, no podemos mantenernos en unidad.

Para quienes se aman y anhelan actuar con sabiduría, la separación del día, las diferentes actividades y nuestras experiencias tan distintas no tienen la suficiente fuerza para romper la unidad. Estas parejas actúan como los patinadores sobre hielo que en su rutina mantienen la unidad a pesar de la diversidad de actividades. Los cónyuges estuvieron juntos por un momento en su hogar para luego separarse y salir a su mundo de actividades. Así los patinadores estuvieron juntos conversando, esperando su momento para salir a la pista. Luego salieron a la pista y escucharon la música que les daría la oportunidad de bailar al mismo ritmo. Comienzan su rutina mientras el reflector se enfoca en ellos. Salen patinando como si uno fuera la sombra del otro. Sus movimientos son tan similares y armónicos que impresionan. Pero luego ella se separa para ejecutar sus movimientos únicos, ahora es «su rutina». Ella hace su presentación mientras él recorre la pista con una energía increíble. El salta, corre, se mueve con seguridad, pues conoce y disfruta su rutina. Ambos están sumamente preocupados principalmente de sus acciones y sus movimientos. A pesar de la separación, no olvidan a su pareja. Sin embargo, saben que en ese momento deben tener un enfoque en su ejecución personal, aunque saben que viene un inevitable nuevo encuentro con su pareja. Saben que a pesar de las diferencias en sus movimientos, ahora deben prepararse para este nuevo encuentro. Física y emocionalmente deben estar listos para no fallar. Luego, como en un momento de magia, se encuentran con mucho cuidado. El encuentro es crítico pues de ello depende en gran medida que termine bien su ejercicio. Pueden haber presentado hasta aquí una excelente rutina, pero si fallan en el reencuentro final las puntuaciones de los jueces no serán muy buenas. Es importante el cambio de ritmo, es importante escuchar muy bien la música, mirar con atención los movimientos de su pareja. Sin dejar de pensar en sí mismo, tiene que determinar qué es lo que necesita el otro. El dúo piensa en cómo se encontrarán, quién debe hacer qué y cómo estar listos para ejecutar con éxito los movimientos propios y la sincronización con su pareja. Finalmente, se produjo el encuentro, terminaron como lo habían planificado. Se sienten contentos de haber cumplido con su parte y satisfechos de que su pareja también la haya cumplido. No solo estuvieron enfocados en la ocasión, sino que con gran conocimiento, acuerdo, orden, comprensión, ternura, cambios de ritmo, fortaleza, apoyo y empatía, realizaron su tarea. No solo reciben la mejor puntuación de los jueces y la ovación del público, sino que además, sienten juntos la más hermosa satisfacción.

Eso es exactamente lo que le animo a hacer a las parejas. Estamos juntos por un momento y luego salimos a nuestra rutina del día. Nos ocupamos cada uno en nuestro mundo y cada uno enfrenta sus propios desafíos. Cada uno de los cónyuges tiene la responsabilidad de lidiar en su ambiente y salir triunfador. Luego, aunque alguno haya caído, resbalado o cometido algún error, deben estar decididos a que el encuentro sea el mejor. Ambos deben prepararse para ese encuentro con ternura y con amor a pesar de que durante el día haya experimentado conflictos y sufrido dolor. Ese encuentro debe darles la oportunidad de consolarse, apoyarse y de disfrutar ese tiempo juntos después de un día de separación.

> *«El Dios creador de la intimidad dará su maravillosa aprobación cuando con acuerdo, conocimiento, orden, ternura, comprensión, apoyo y empatía, ambos cónyuges hagan un esfuerzo excelente y especial para tener intimidad integral».*

Debemos planificar nuestro encuentro al final del día para que sea un gran encuentro de amor, ya sea que tengamos o no relaciones sexuales. Con mayor razón, el día que vamos a tener relaciones sexuales, nuestro encuentro debe ser único por la limpieza, ternura, comprensión, apoyo mutuo, comunicación y acuerdo que como personas que se aman llegamos a experimentar. Cuando así lo hacemos, el juez maravilloso, nuestro Dios y creador amoroso de la intimidad, nos dará la más alta puntuación por haber hecho un esfuerzo excelente para satisfacer a nuestro cónyuge con relaciones sexuales basadas en Él y su verdad. ¡A eso le llamo intimidad! ¡Esa es la verdadera satisfacción! Esta es una manera maravillosa que Dios me mostró sabiamente para poder ilustrarle cómo tener una relación de intimidad excelente y profunda.

El tesoro de la empatía: *Evite el egoísmo*
Este es un momento clave en nuestro viaje hacia la intimidad. El tesoro de la empatía me permite salir del mundo egoísta,

enfocado solo en mis gustos y necesidades, para entrar en la dimensión de una vida y experiencias que no conozco, pero que amo con todo mi corazón.

La empatía es más que una técnica para poner atención a las otras personas. La describo como la habilidad de entrar en los sentimientos del cónyuge. Es identificarse con las necesidades de su cónyuge en forma cabal. Es prepararse mental y emocionalmente para llegar lo más cercanamente posible a sentir lo que siente nuestro cónyuge.

No tengo duda de que usted tiene la capacidad de amar a su cónyuge. No creo que esté casado o casada sin tener la capacidad de amarle. Tal vez no sabe cómo hacerlo, quizás nunca ha comprendido el verdadero amor, posiblemente su cónyuge tampoco, y esa es una combinación letal. Esa es la razón por la que no pueden amarse como desean. Por eso aun las acciones y reacciones bien intencionadas y las actitudes que han creído que están realizadas con amor, en vez de producir amor, les han dejado heridas dolorosas. Quizás es un problema mutuo. No saben dar amor y no saben recibir amor. Tal vez están actuando como niños. Ningún niño pequeño cree que lo aman cuando lo corrigen y lo disciplinan físicamente. Él no sabe que esa acción bien pensada y realizada por su padre es producto del amor. Así también, los cónyuges inmaduros actúan egoístamente cuando quieren hacer las cosas a su manera y se molestan cuando su cónyuge, con amor, les hace ver su error. No se puede ser egoísta y tener intimidad, y no se puede corregir errores sin admitirlos.

No puede hacer bien lo que aprendió mal

Es imposible que hagamos correctamente lo que hemos aprendido erróneamente. Tal vez, a usted mi querido lector, le enseñaron a amarse a sí mismo más que a los demás. Posiblemente en su familia, y por la influencia del mundo en que vivimos, aprendió que hay que luchar duramente para que se cumplan sus gustos y deseos, aun si tiene que menospreciar los deseos y gustos de otros. Sin embargo, esto no debe ocurrir en la relación conyugal. Tal vez su padre, con indiferencia, dureza y un tanto de machismo, le enseñó a ser duro, a defenderse solo, a salir adelante sin ayuda y a buscar con ahínco lo que a usted le gusta, y así aprendió a ir tras su autogratificación. Puede que su madre con más mimos que ternura y más malcriadez que sensibilidad, le enseñó la gratificación inmediata. Ella respondía rápidamente a sus demandas para evitar que usted llorara o porque se creía la mejor madre del mundo cuando usted siendo un recién nacido aprendió a hacerla levantar veinte veces en la noche. Su mamá se acostumbró a estar lista a servirlo y darle lo que usted quería, aunque no siempre debió haberlo hecho. Queridos cónyuges, tanto la autogratificación como la gratificación inmediata son enemigas letales de la intimidad.

Tal vez en medio de una familia donde disfrutó de buenas relaciones, aprendió a tener más interés, afición y cordialidad con los demás. Quizás así aprendió a vivir con simpatía, pero eso no es suficiente para la intimidad integral. ¿Sabe usted qué necesita? Necesita descubrir el tesoro maravilloso de la empatía. Es una palabra que describe una actitud mayor y que exige un nivel de comprensión poco común. Por esto, aunque son comunes las relaciones sexuales, no es común la intimidad.

No puede tener armonía sin empatía

No descubrimos el tesoro de la empatía sin armonía y no puede existir armonía sin comprensión. Por ello debemos realizar un gran esfuerzo en nuestro ser querido. Debemos tratar de comunicarnos bien para poder realizar la conexión. Para que los cónyuges, tal como lo demanda Dios en la Biblia, lleguen a ser una sola carne deben llegar a sentirse uno. Es imposible sentirse uno sin entender la enseñanza bíblica que nos instruye que los cónyuges no son los dueños de su cuerpo. Pablo dice a los maridos que debemos amar a nuestras esposas como a nuestros mismos cuerpos. Quien no se ama a sí mismo no puede amar a su pareja. Cuando comprendo mis necesidades, soy sabio y me amo, busco satisfacerlas sabiamente. Así es que debo amar a mi esposa. Por ello el apóstol Pablo es enfático al decir: «la mujer no tiene potestad sobre su propio cuerpo, sino el marido» (1 Corintios 7.4a).

Sin embargo, no se apresure a botar este libro que está leyendo para decirle a su esposita que en la Biblia dice que el cuerpo de ella es suyo y por lo tanto, usted quiere hacer lo que le agrada con ese cuerpo que le pertenece. Antes de que actúe con egoísmo, permítame recordarle lo que Dios demanda del hombre. El apóstol Pablo dice: «Ni tampoco tiene el marido potestad sobre su propio cuerpo, sino la mujer» (1 Corintios 7.4b). Estas palabras nos certifican que Dios odia el egoísmo y que desea que vivamos en un maravilloso equilibrio. Observe qué manera tan sabia y grandiosa de motivarme a pensar con empatía en la persona que digo amar. Qué extraordinaria motivación para aprender a amarme a mí mismo como Dios manda, para así saber amar a mi esposa como Dios espera. Esta maravillosa conexión no se puede dar sin pelear una gran batalla en contra de nuestro egoísmo y sin una determinación de relacionarnos con empatía.

El tesoro de la disposición: *Permítase disfrutar*

Muchos cónyuges no experimentan el placer simplemente porque no tienen la disposición a tenerlo. Tristemente, fueron mal enseñados y no se dan permiso para disfrutar. Dios no solo nos creó con la capacidad de tener placer, sino también con la necesidad de sentirlo. El Señor no solo nos creó con la capacidad de ser influenciados por nuestros cónyuges para sentir placer, sino también nos dio la capacidad de participar juntos en la búsqueda del placer en la relación sexual de la vida matrimonial.

Una persona que por cualquier razón no se permite sentir placer, nunca podrá disfrutarlo. No puede disfrutar de placer quien consciente o inconscientemente está bloqueando las sensaciones de placer. Dios nos creó con la capacidad de disfrutar mutuamente de nuestros cuerpos y de sentir un placer personal en el encuentro conyugal, pero los seres humanos tenemos el poder para buscarlo y también para evitarlo. Podemos disfrutarlo o rechazarlo a voluntad o como producto de experiencias traumáticas.

Existen personas que debido a su formación moral, emocional o religiosa no han entendido lo que es sentir placer, lo limitan sin razón o ni siquiera se permiten sentirlo. Las personas criadas en hogares religiosos muy estrictos y con fuertes tendencias legalistas, no solo carecieron de sabia instrucción bíblica con respecto a su sexualidad, sino que además terminaron por creer que el sexo no es bueno ni que puede ser permitido. Por otro lado, sus restricciones están tan arraigadas que terminan pensando que el sexo es algo que puede ser tolerado —si no queda más remedio—, pero no disfrutado. La formación religiosa extrema suele implicar que el placer corporal está conectado a lo carnal y no a lo espiritual. En ese contexto, no puede existir placer sexual en la vida espiritual. Creen que pueden alabar a Dios con sus manos carnales o su boca, pero tienen problemas para creer que sus órganos sexuales puedan ser usados para la gloria de Dios.

La gente que conecta el placer del cuerpo con el pecado no puede darse el lujo de permitirse tanto placer y sentirse bien. Algunos no podrían permitirse sentir placer el día anterior de su planificada asistencia al culto o inmediatamente después de estar en la iglesia. Otros no lo harían el día en que deben participar de la santa cena. Otras personas se limitan a una relación sexual simple, corta, a oscuras y con el menor toque posible creyendo que mucho placer o toques sexuales son actos carnales. Por esto, en muchas ocasiones, el resultado es la insatisfacción y la creciente frustración porque no han realizado la necesaria preparación.

Cuando una persona entiende que tiene el derecho y que las relaciones sexuales, para que funcionen dentro de la verdadera intimidad, deben producir placer, entonces, comienza a sentir la dignidad que Dios diseñó para él o ella. Ese sentimiento que le indica que usted es una persona digna que cumple un propósito divino aun en su sexualidad, le permite disfrutar del placer que Dios diseñó. Disfrutar mutuamente requiere que la persona aprenda a disfrutar de su cuerpo y sus sensaciones. Es cierto que usted no busca su satisfacción a costa del otro, sino que busca su satisfacción y disfruta del placer al mismo tiempo que produce placer.

«Algunos están seguros que pueden alabar a Dios con sus manos carnales o su boca, pero tienen problemas para creer que sus órganos sexuales puedan ser usados para la gloria de Dios y para disfrutar en la intimidad».

Es imprescindible que cada cónyuge asuma responsabilidad por su propio placer. Algo extraordinario ocurre cuando usted no está demasiado preocupada en complacer y se dedica a disfrutar. Mientras usted disfruta, también produce placer... eso es lo maravilloso de la relación sexual. Cuando uno solo de los cónyuges disfruta y el otro se niega a disfrutar, o cuando ninguno es lo suficientemente sabio como para disfrutar personalmente y ayudar a disfrutar a su cónyuge, no existirá una intimidad integral. En ese proceso de disfrute solo deben tener cuidado de no permitir lo negativo. Una persona que encuentra la forma de disfrutar puede comenzar a tener placer haciendo algo que a su cónyuge en este momento no le agrada. Por ello, el cónyuge que no desea caricias en cierto lugar en ese instante, debe redirigir a su pareja a las áreas en las que realmente disfruta. Cuando ambos se están dirigiendo, ambos están respetando y tomando en cuenta los gustos y deseos de su pareja. Eso evita tener que adivinar lo que anhela su cónyuge o la preocupación de hacer algo que le moleste.

Buscar el placer personal no funciona en los egoístas. Este es un asunto de empatía. Funciona cuando existe un acuerdo y ambos lo practican. Los dos deben estar bien convencidos y deben cooperar, y respetar este acuerdo. El receptor de las caricias debe disfrutarlas y redirigir a la pareja cuando quiere variar o algo no le agrada. Y el que ofrece las caricias debe actuar con ternura y siguiendo las instrucciones mientras va avanzando a nuevas experiencias de caricias en el cuerpo de su cónyuge. Mientras disfrutan de este período, los cónyuges deben saber que ese es el propósito: disfrutar de las caricias, no tener la relación sexual y la excitación. Eso llegará a su tiempo. En el momento de las caricias, llegará la excitación y el deseo de iniciar la penetración, pero especialmente el hombre debe tener dominio propio para postergar ese deseo de satisfacción pues ese no es el objetivo del momento. El propósito de lo que algunos han llamado «juegos sexuales» es la preparación física y emocional, especialmente de la mujer. Por ello, los cónyuges deben aprender a disfrutar y esforzarse con amor y ternura para disfrutar de dar y recibir placer corporal. No necesariamente deben estar disfrutando de las caricias en la cama. Pueden sentarse en un sillón y acariciarse con ternura. Pueden bañarse juntos y van experimentando excitación mientras ambos se enjabonan, se miman, se rozan y se abrazan.

Es un error que la mujer siempre espere que el hombre tome la iniciativa en las caricias y ella se convierta en la receptora no involucrada en el proceso. Mientras más involucren sus sentidos y se concentren en las caricias y la ternura que deben expresar, más involucrada estará su mente y más sensaciones experimentarán. Pueden decidir quién será el que inicia y termine este proceso, o si la esposa sabe que su marido ha iniciado en los dos últimos encuentros, ella debe tomar la decisión de convertirse en iniciadora y guiadora del momento de caricias. Deben evitar el extremo de ser solo dos dadores o solo dos receptores de placer. Ambos deben jugar los dos papeles mientras disfrutan de la experiencia.

Algunas mujeres deben aprender a permitir que su esposo explore con ternura su cuerpo. Ella puede dirigirle para que él sepa cuáles son las partes clave para su estimulación. En este proceso, ella también va experimentando y conociendo su cuerpo. Algunas mujeres que fueron víctimas de violación o abuso sexual, así como las que tuvieron padres que les prohibieron tocarse los genitales y fueron tan drásticos que les crearon un temor, pueden tener problemas para conocer su propio cuerpo. Esta investigación se va realizando con el amor de su vida, quien con ternura, va explorando y acariciando, mientras ella disfruta y dirige, es clave para darse la libertad de deleite. Incluso es aconsejable que en algunas ocasiones los cónyuges tengan sesiones de caricias sexuales sin llegar al coito.

«Cuando uno solo de los cónyuges disfruta y el otro se niega a disfrutar, o cuando ninguno es lo suficientemente sabio como para disfrutar personalmente y ayudar a disfrutar a su cónyuge, no existirá una intimidad integral».

El tesoro de la creatividad: *Utilice su imaginación*

No puede existir variedad sin creatividad y sin variedad las relaciones sexuales se tornan rutinarias y se tiende a evitar el encuentro. La vida íntima no tiene por qué ser rutinaria. Cada cónyuge tiene suficiente creatividad como para ingeniarse alguna forma de contribuir a la variedad. Experimentar con nuevos lugares, formas, métodos de estimulación y artículos que hacen un ambiente perfumado y que sale de la rutina, no solo es una buena muestra de creatividad sino que, además, demuestra su preocupación por una experiencia que ama de verdad.

Debe recordar que la relación sexual es compleja y hermosa a la vez. Este milagro de la creación divina tiene una gran interacción de todo el cuerpo humano. A diferencia de los animales que se unen por instinto y solo se juntan sexualmente para que la hembra pueda concebir, los seres humanos involucramos nuestras emociones y tenemos una gran variedad de formas de estimularnos y de disfrutar de nuestra sexualidad. Esto no es una invención humana, así nos creó nuestro Dios.

Todo nuestro cuerpo se involucra en el proceso. Los cambios que experimentan no se limitan a los órganos genitales. Nuestro sistema nervioso, nuestras hormonas, nuestros vasos sanguíneos y nuestros músculos responden a la estimulación. Eso nos abre una gran oportunidad para la variedad y el uso de nuestra imaginación. No hay justificación para mantener una relación no saludable. Si ambos se ponen de acuerdo, pueden superar los obstáculos. Debido a que existe un proceso de estimulación de nuestro cuerpo, la manera más efectiva de romper las barreras es el trabajo en unidad de la pareja. No podemos decidir excitarnos a nosotros mismos pues la excitación es el resultado de la estimulación. La excitación es una respuesta involuntaria de nuestro cuerpo. La excitación ocurre cuando nuestros cuerpos reciben el estímulo sexual placentero. Esa excitación provocará la erección del pene y la lubricación e hinchazón de la vagina. Esta excitación puede bloquearse cuando existe una gran ansiedad y temor a no excitarse, cuando se pierde la concentración, cuando hay rechazo a la relación sexual o cuando no piensa en su propia estimulación.

La estimulación ocurrirá cuando marido y mujer sienten la libertad para estimularse dentro de los límites bíblicos y sin complejos destructivos. Ellos disfrutarán de su creatividad cuando utilicen su imaginación, piensen en su cónyuge, entiendan lo que les estimula y se dediquen a buscar el placer y el disfrute de la persona amada. Hablen con libertad sobre lo que les estimula y no olviden ser claros en aquello que les hace perder la concentración y les molesta. Pónganse de acuerdo sobre cómo, dónde y en qué momento se acariciarán. Elijan nuevas posiciones, cambien de horario, cambien de lugares en su dormitorio, vayan a un hotel, etc.

El tesoro del tiempo: *Utilícenlo sabiamente*
En mis seminarios existe una gran cantidad de parejas que admiten que el factor del tiempo para desarrollar su vida sexual ha sido uno de sus más serios problemas. Lamentablemente, muchos cónyuges no dedican el tiempo necesario para estar juntos, mucho menos para pasar tiempo disfrutando de su cercanía e intimidad. Algunas parejas tienen problemas para separar el tiempo adecuado, otras para tener orden y ser consistentes con el tiempo que dedican en forma regular a su vida sexual y otras tienen problemas con ambas cosas. Algunos cónyuges en forma deliberada se involucran muchísimo en un enjambre de actividades para evitar los encuentros sexuales. Otros, sin darse cuenta y poco a poco, se van sobre involucrando en otro mundo de actividades y no le dan a la vida sexual la importancia que tiene. Algunos se involucran en otras cosas porque les resulta doloroso o se sienten incapaces de tratar sus problemas o porque cuando han tratado, solo han agravado la situación. Cualquiera sea la

razón, el no dedicar el tiempo que la intimidad requiere producirá consecuencias negativas a la vida conyugal.

Dedicar tiempo al trabajo fuera o dentro de la casa, al cuidado de los hijos, a la vida de iglesia y otras actividades, sin organizar la vida sexual, provoca que muchos cónyuges terminen con encuentros fugaces, muy tarde en la noche y cuando ya no tienen la energía para disfrutar de algo bien planificado.

Mientras la pareja no decida que su vida sexual tendrá un lugar relevante en sus prioridades, esta no dejará de ser un encuentro rápido, a veces solo por cumplir, y parte de una obligación que alguno de los cónyuges preferiría evitar. A menos que dediquen el tiempo adecuado para su preparación personal, para que exista consistencia y regularidad, para preparar a su cónyuge, para conocerse y hablar sobre sus necesidades y frustraciones con libertad y para llegar a acuerdos de cómo practicarán su vida sexual, esta nunca será saludable ni conforme al diseño divino.

La primera condición para utilizar el tiempo sabiamente es programar su vida sexual. Algunos creen que esto quitará la espontaneidad, pero creo que están equivocados. La satisfacción sexual no se consigue porque los cónyuges, después de estar paseando o mientras miraban televisión en forma simultánea o por la motivación del otro, sintieron deseo de tener relaciones sexuales. Después de ese deseo —sea espontáneo, planificado o motivado por uno de los cónyuges— lo que es inevitable es el proceso de preparación, iniciación, desarrollo y satisfacción. Todo esto requiere tiempo. No cabe duda que se puede tener más orden y dedicación cuando la pareja ha acordado con anticipación esos momentos de acercamiento y pasión. La pareja no planificará la pasión que sentirá, sino el tiempo en que se unirá para preparar la forma en la que disfrutará de esa pasión.

Después de una conferencia una persona me dijo: «¿Sabe qué? Para hacer todo lo que usted recomienda: prepararse y luego estimularse y finalmente satisfacerse, se necesita mucho tiempo». Muy cierto. Esa persona declaró una gran verdad. Todo lo bueno requiere tiempo de preparación y dedicación. Se requiere tiempo para ayudar a la esposa de tal forma que se sienta amada, se requiere tiempo para compartir tareas para que la esposa se sienta descansada, se requiere tiempo para ayudar a acostar a los hijos para que la esposa se sienta asistida. Se necesita tiempo para compartir y servir al marido que llega cansado. Se requiere tiempo para prepararse y vestirse sensualmente para estimular a su esposo.

Dedique tiempo para bañarse y perfumarse para su pareja. El hombre debe dedicar tiempo para afeitarse para no rasguñar a su esposa con la aspereza de su barba crecida. La mujer debe dedicar tiempo para ponerse crema y vestirse para la ocasión.

Pueden dedicar tiempo para preparar la cama, el sillón, el piso o cualquier lugar en el que comenzarán o terminarán su hermosa aventura. Puede tener el cuarto a media luz o utilizar velas creando un ambiente romántico. En fin, ¡use su creatividad!

El tesoro de la iniciación: *Tome la iniciativa*

No importa quién inicia el acercamiento para tener relaciones sexuales, ¡alguien tiene que tomar la iniciativa! No cabe duda que esta iniciativa por lo general la toma el que es más activo sexualmente; o sea, casi siempre el hombre. Sin embargo, como ya hemos mencionado, esta no tiene que ser siempre la fórmula. Por otro lado, si eso es lo que espera la mujer, entonces no debe molestarse si él inicia el acercamiento con más regularidad de la que ella desea.

Las parejas me comentan que con frecuencia ambos se van a los extremos. Generalmente, tenemos al hombre tomando la iniciativa y buscando la relación sexual, mientras que la mujer evita la iniciación pues siente presión al no ser ella quien toma la iniciativa. Por esto los acuerdos y horarios son buenos pues quitan esta tendencia a la polarización. Si la pareja determina que como mínimo tendrá relaciones sexuales cada dos días, no solo variará el día de cada semana en que tendrán relaciones, sino que tampoco importa quién tome la iniciativa. Cuando uno la toma, y es el día que corresponde, el otro cónyuge sabe que debe responder pues ese fue su acuerdo. Si por enfermedad, cansancio, viajes, etc. no pudieron cumplir con el horario, con paciencia se espera el día que corresponde. En este caso, uno inicia y el otro responde al segundo o tercer día y de allí vuelven a dejar pasar los otros dos días. El hecho que uno tome la iniciativa no necesariamente significa que el otro cónyuge debe siempre responder. Existirán momentos en que no se darán las condiciones y debemos tener una actitud comprensiva. En mi opinión, el problema es que uno o ambos cónyuges comienzan a despreocuparse de su vida sexual, y como consecuencia, la persona menos activa se va acostumbrando con facilidad a la ausencia de intimidad. En el cónyuge más activo, por otro lado, va aumentando la desesperación por la necesidad de satisfacción. Este patrón de conducta perpetúa un comportamiento muy molesto. Mientras ella más se resiste, él más ansioso se siente y más presiona; y mientras más presiona, ella menos desea las relaciones sexuales.

Cuando no existe orden ni decisión sobre el ritmo de las relaciones sexuales, generalmente el cónyuge más activo se acostumbrará a presionar más en un intento de obtener una respuesta afirmativa de vez en cuando. Si existiera un orden, y él o ella se da cuenta que no necesita vivir presionando para obtener respuesta, el otro cónyuge tampoco se sentirá constantemente hostigado.

El tesoro de las caricias: *Tóquense mutuamente con ternura*
Después de responder a la etapa de iniciación y ambos ponerse de acuerdo, realicen toda la preparación que he sugerido. Un buen baño, asegurarse de la privacidad, evitar toda distracción y comenzar todo el período de empatía. Este es el momento en que ambos deben estar pensando cómo se tocarán y dónde serán más estimulantes las caricias para su pareja. Cuando ambos se conocen, esto no será un problema. Recuerde que el enfoque es estimular a la otra persona mientras también nos estimulamos a nosotros mismos. Evite las caricias que son desagradables para su cónyuge aunque a usted le agrade. Hay mujeres que prefieren que no le toquen su vagina o sus senos al

inicio de las caricias, mientras hay hombres que lo único que quieren es que les acaricien su órgano genital. Para descubrir este tesoro es necesario comunicarse con claridad y revelar con sinceridad lo que es agradable o desagradable. Recuerde que mi sugerencia es que se toquen mutuamente pues existen cónyuges que se vuelven indiferentes. Hay mujeres que por su necesidad de preparación deciden que solo les gusta ser receptoras, y se vuelven muy pasivas. Es un serio error actuar así aunque su cónyuge nunca se lo diga. Nuestra meta debe ser dar y recibir caricias, dar y recibir estímulo.

Como por lo general es la mujer la que necesita más caricias para estimularse, muchas veces se convierten en receptoras y no quieren tomar la iniciativa de acariciar a sus maridos creyendo que porque ellos se excitan fácilmente, no necesitan caricias y ternura.

Dios no solo nos dio el derecho de tener placer y disfrutar de las caricias, Él nos creo con esa habilidad y necesidad que también debe ser satisfecha. El hecho de que una persona no sienta esa necesidad de ternura, ni sienta placer al acariciar o aun cuando lo acarician, de ninguna manera significa que no pueda o no tenga esa necesidad. Tal vez no puede manifestarla debido a una mala formación o alguna experiencia traumática. Quizás siente que no necesita porque algo ocurrió en su proceso de crianza que le dejó con un vacío. Sin embargo, todos tenemos la necesidad de amar y ser amados, de dar cariño y recibir cariño. Cuando con la ayuda necesaria un cónyuge descubre lo maravilloso de esta experiencia, se dará cuenta de lo que se ha perdido.

En algunas ocasiones he recibido testimonios de personas que no dan caricias porque nadie les enseñó y dicen que no las necesitan. Aunque bien es cierto que esa persona necesita ayuda para corregir ese comportamiento dañino para la intimidad de la vida conyugal, también es verdad que su actitud demuestra un acto de egoísmo que no permite el contacto saludable. No podemos esperar que la ceremonia nupcial nos libere de los complejos que llevamos a la vida matrimonial. No podemos esperar que la ceremonia matrimonial elimine las restricciones religiosas y emocionales no saludables que impiden que se disfrute del placer de la excitación.

Como expliqué antes, vaya en busca del placer de su cónyuge. Tome la decisión de que le hará disfrutar al máximo la experiencia. Para ello es indispensable conocer las áreas de sensibilidad y los gustos de esa persona amada. Mientras se lanza en la aventura de crear todo para el máximo placer de quien ama, vaya disfrutando de su propio placer. Enfóquese en lo que está haciendo. Enfóquese en lo maravilloso de una relación conyugal. Enfóquese en el placer que está sintiendo su cónyuge y piense en el suyo.

Pueden bañarse juntos antes de una relación sexual. El poner jabón, refregar con ternura, el poner champú en el pelo y acariciarlo son experiencias únicas. Otro día, después de unas semanas, pueden bañarse separados y luego ponerse crema en el cuerpo mientras se están acariciando. Puede dedicar tiempo a una gran variedad de caricias. Acaricie las manos y los pies. Dirija a su cónyuge a las áreas que le agradan. Después de un momento de recibir las caricias en un lugar, dirija a su cónyuge a otro, para que él o ella vaya memorizando los lugares que a usted le resultan más estimulantes y no se quede siempre en el mismo sitio. Estimule su imaginación. No se preocupe si hay o no una gran excitación. Ustedes están construyendo lentamente el ambiente necesario para que venga. El propósito de la experiencia es aprender a disfrutar de momentos grandiosos de dar y recibir ternura.

Dedique tiempo a acariciar la cara. Actúe como lo haría una persona no vidente. Con ternura vaya tocando las orejas, los ojos, pase suavemente por las cejas con sus dedos. Bese detrás de las orejas y con sus labios tiernamente recorra partes de la cara de su cónyuge. Recorra el cuerpo con ternura. Hágalo con sus manos, con sus labios, con su lengua, según se lo pida su cónyuge. Junten sus cuerpos desnudos y recorran con sus manos diferentes partes mientras hay contacto corporal.

Poco a poco, y mientras más placer vayan sintiendo, vayan avanzando en su descubrimiento del hermoso tesoro del placer. Con almohadas en su espalda —afirmándolas en la pared si está sentado en la alfombra o afirmándolas en el respaldo si está sentado en la cama— pídale a su cónyuge que se siente delante de usted, mirando hacia la misma dirección. Él o ella está sentado entre sus piernas mientras ambos se acarician. De esta forma puede utilizar su cuerpo para sentir el de su cónyuge, los labios para besar y las manos para acariciar y dar delicados masajes.

Mientras ella permanece sentada, él puede acostarse en sentido contrario de tal forma que su pene quede cerca de la vagina y así ella se acaricia y se estimula con el pene de su esposo y provoca excitación en preparación para la penetración que vendrá más adelante. La meta de todo el proceso es que se vayan preparando mental y emocionalmente para el momento en que decidirán el encuentro de los órganos genitales y lograr el clímax.

Cada relación sexual debe salir de lo mecánico, la monotonía y lo rutinario para convertirse en algo dinámico, variado y apasionante.

El tesoro de la penetración: *Entre por invitación solamente*
La penetración es el momento placentero en que el pene se introduce en la vagina para iniciar los movimientos corporales que culminarán con la eyaculación y el orgasmo en la mujer. Este es un momento muy esperado por el hombre y que sabiamente debe ser postergado por la mujer. Estoy convencido de que a pesar de que la espera puede resultar difícil para el hombre, el pene debe introducirse en la vagina solo por invitación de la esposa. La mujer debe preparar y dirigir este momento. No debe existir una penetración súbita como es la tendencia masculina, sino lenta y tierna como es la necesidad femenina. Tampoco el hombre debe ser rechazado o ignorado en su deseo rápido de penetrar, como es la tendencia femenina, sino dirigido y orientado como es la necesidad masculina. La mujer debe sentir que el hombre es sensible a su necesidad y él debe sentir que ella

también es sensible. Sin embargo, ambos deben evitar moverse por las emociones que sienten y más bien actuar conforme a las necesidades del momento.

Un acuerdo esencial

Debido a las enormes diferencias que existen entre el hombre y la mujer, y todas las sensaciones que son parte de este proceso, si se dejan llevar solo por sus pasiones pueden llegar a tener gran satisfacción personal a costa de la insatisfacción del cónyuge. Es difícil llegar a un acuerdo cuando estamos sumergidos en la pasión del momento de excitación, pero es indispensable que los cónyuges sepan que el acuerdo es que ambos permitan la dirección de quien conoce bien su cuerpo. Así como el hombre se conoce tan bien que sabe cuándo pedirle a su esposa que deje de moverse pues debe evitar la eyaculación, así ella sabe cuándo es el momento preciso para que se realice la penetración. Los cónyuges que desean no solo experimentar, sino proveer de una satisfacción excelente, deben llegar a la penetración por invitación solamente.

> *«Como tanto el hombre como la mujer conocen muy bien sus sensaciones y saben cuándo están preparados para concluir la relación sexual, los cónyuges que amamos verdaderamente debemos realizar la penetración deseada solo con la invitación tierna de la esposa y cuando ella decide que está lista».*

Sin duda la penetración es uno de los momentos más placenteros de la relación sexual, siempre y cuando se ha dedicado el tiempo para prepararla. Debido a que el placer de la mujer —a diferencia del hombre— se inicia en los genitales y se va extendiendo a todo el cuerpo y vuelve a enfocarse en sus genitales, ella necesitará estímulos corporales que le permitan lubricar su vagina. Entonces, es ideal que ella permita y busque las caricias en su vagina que le permitan prepararse para obtener satisfacción. Por esto muchas mujeres prefieren que el esposo realice las caricias en su cuerpo hasta que su vagina esté más suave, dilatada y sensible. Normalmente la mujer evitará la penetración hasta que todo su cuerpo y sus emociones estén preparadas. Hay mujeres que no quieren que su cónyuge estimule su vagina y lo que está evitando con esto es una preparación esencial para llegar a su orgasmo con mayor facilidad. El hombre en cambio, generalmente tiende a buscar la penetración lo antes posible. Esto es peligroso pues muchas mujeres quedan insatisfechas debido a que la rápida excitación y penetración del marido motivó una rápida eyaculación sin permitirle a ella alcanzar la satisfacción. Esa experiencia no es solo decepcionante, sino también peligrosa. El hombre se puede acostumbrar a ser insensible y buscar solo su satisfacción personal, y ella se puede convertir en desinteresada y luego sentirse usada.

Aunque la estimulación de un hombre y una mujer puede ser provocada por una variedad de causas, es indudable que el encuentro de los cuerpos es una experiencia muy excitante. El hombre, a diferencia de la mujer, tiene su flujo de placer en todo el cuerpo. Con solo abrazar a su esposa o juntar sus cuerpos desnudos, una sensación de placer invade todo su cuerpo. De esta forma se va enfocando lentamente y el deseo de sentir el placer en su órgano genital va aumentando, pues allí terminará su experiencia. Él busca la culminación lo antes posible. Por eso busca la penetración con desesperación y muchas veces lo hace sin que su esposa esté preparada. El resultado es una esposa insatisfecha y decepcionada.

Cuando el hombre penetra a su esposa antes de tiempo, no solo es una experiencia incómoda sino también dolorosa pues ella aún no ha lubricado de forma adecuada su vagina si no ha estado expuesta a las caricias y estimulación que necesita. El hombre, antes de acariciar y con solo pensar en las relaciones sexuales o solo viendo a su esposa desnuda, puede tener una erección y sentir la necesidad de introducción rápida. La mujer en cambio necesita una hermosa preparación. La experiencia de la mujer es totalmente diferente.

Una experiencia esencial

La culminación del encuentro sexual de los cónyuges es la sensación de satisfacción que experimentan. Es esencial que ambos queden satisfechos. Es cierto que hay ocasiones en que, tal vez por cansancio o falta de concentración, la esposa puede tener dificultades para terminar y prefiere que su esposo no siga insistiendo, especialmente si ya empieza a sentir dolor. No es perjudicial si en esas ocasiones algunas mujeres prefieran que su esposo termine sintiendo su satisfacción aunque ella no la haya logrado. Lo mismo puede ocurrir cuando el hombre que batalla por tender a la eyaculación precoz, eyacula antes que su esposa logre su satisfacción. Aunque es una sensación de decepción, ella debe responder con comprensión, siempre y cuando esa no sea la costumbre.

En otras ocasiones, debido al cansancio, al estrés y otras razones, el cónyuge menos activo sexualmente no está preparado para tener relaciones sexuales y prefiere postergarlas, pero a la vez, se da cuenta que su cónyuge las desea fervientemente. En ese caso los cónyuges pueden llegar al acuerdo de que van a tener una relación sexual rápida que permitirá que el cónyuge que desea profundamente la relación tenga su sola satisfacción. Insisto en que esta experiencia no debe ser la costumbre ni debe decidirse en forma unilateral pues actuar así es sumamente perjudicial.

Estoy convencido que aunque generalmente es difícil para los hombres tener momentos de caricias sensuales sin llegar a consumar el acto sexual, cuando los cónyuges están de acuerdo en buscar la satisfacción mutua, ambos deben lograr la satisfacción. Si con demasiada frecuencia uno de los cónyuges no logra terminar su relación en forma satisfactoria, la vida sexual de la pareja no es saludable. Tal vez están uniendo sus cuerpos, pero no están teniendo intimidad.

La meta debe ser que en la gran mayoría de las relaciones sexuales ambos cónyuges alcancen la satisfacción. En algunas ocasiones he aconsejado a mujeres que nunca han sentido satisfacción. También se han acercado mujeres después de mis conferencias que no han entendido qué debe sentirse al finalizar la relación sexual. Para un hombre el orgasmo es muy obvio debido a la eyaculación que ocurre y las sensaciones que la acompañan. Como he explicado, las mujeres están preparadas para tener múltiples orgasmos. Para que el hombre vuelva a tener una segunda oportunidad debe esperar un lapso de tiempo. Después de algunos minutos u horas puede comenzar nuevamente la estimulación y sus orgasmos siguientes generalmente decrecen en intensidad. A las mujeres, generalmente les ocurre lo contrario. Mientras más orgasmos, mayor intensidad y placer.

Cuando el hombre llega a cierto punto de su excitación, no existe manera en que pueda detener la eyaculación. En cambio el orgasmo de la mujer puede ser interrumpido cuando ya ha comenzado.

Si una mujer experimenta excitación, pero no logra la satisfacción que se obtiene en una relación sexual normal, debe comunicarlo a su esposo. La pareja debe buscar ayuda si a pesar de los cambios en su sistema de acercamiento, estimulación y penetración no cambian su situación. Es raro que un hombre no experimente un orgasmo, pero no es poco común que algunas mujeres no lo experimenten. Por otro lado, otras no entiendan qué es lo que deben experimentar.

Esta es una experiencia tan maravillosa que puede llevar a una gran adicción. Para quienes no tienen restricción debido a su falta de valores, es muy fácil entrar en un mundo de aventura que nunca termina. Sin embargo, para quienes amamos a Dios y sus principios, y amamos a nuestros cónyuges, debemos decidir nunca irnos a los extremos. La sensación de satisfacción al terminar una relación sexual es hermosa y sumamente placentera. Cada cónyuge vive un mundo extraordinario. Tienen algunas experiencias similares y otras diferentes, se estimulan de diferentes maneras, pero ambos buscan no solo su satisfacción sino la satisfacción de la persona amada. Al final de la relación de intimidad, sus pasiones han sido unidas, ambos han logrado su propósito de estimularse y disfrutarse y ambos han ido descubriendo sus más íntimos tesoros. Fueron recorriendo juntos una aventura tan bien planificada que su relación conyugal y su intimidad se han enriquecido por todos los tesoros obtenidos.

Lo que experimenta cada cónyuge es extraordinario y si usted nunca lo ha disfrutado, o en su experiencia existen deficiencias, seguramente no entenderá lo que estoy describiendo. Por esto, en el siguiente capítulo, dejaré que el hombre y la mujer descubran sus más íntimos tesoros.

CAPÍTULO QUINTO

UNA REVELACIÓN
SINCERA DE UNA
EXPERIENCIA
ÚNICA Y MUY
ESPECIAL

UNA REVELACIÓN SINCERA DE UNA EXPERIENCIA ÚNICA Y MUY ESPECIAL

«Aunque el hombre y la mujer son muy diferentes, ambos tienen la capacidad de disfrutar de intimidad integral. Si se aman, se conocen y están dispuestos a actuar con respeto, ternura y empatía, ambos podrán disfrutar de relaciones íntimas constantemente».

Todos los estudios que puedan realizarse sobre los sentimientos, el comportamiento, las emociones y los valores de otro ser humano nunca nos darán el conocimiento absoluto de esa persona. No podemos conocer profundamente a nuestro cónyuge si él o ella no son sinceros y directos, y nos revelan lo más profundo de su corazón. La realidad nos indica que no solo existen grandes diferencias entre los sexos, sino también, grandes diferencias entre las personas.

Les recuerdo que ustedes son una pareja que ha prometido amarse. Les recuerdo que a pesar de sus buenas intenciones, ambos han cometido errores. Les recuerdo que ambos se han herido sin la intención de hacerlo, y por ignorar muchas verdades. Les recuerdo que Dios quiere que tengan intimidad integral y que ambos disfruten de su cercanía y ternura.

Durante el proceso de lectura, han tenido la oportunidad no
solo identificar los errores de su cónyuge sino también los suyos,
y si existe algo de amor y cariño, deberían sentir un profundo
dolor por haberse equivocado. Deben mantener un alto grado
de comprensión pues ninguno tuvo la mala intención de provocar dolor ni herir. Sencillamente, ambos se han equivocado. Si
han conversado con sinceridad, si han identificado sus errores, si
se han perdonado mutuamente y han hecho una seria promesa
de cambio, este es el maravilloso momento de revelar lo que
nadie puede conocer. Este es el momento de comunicar con sinceridad y cariño lo que usted y Dios conocen. Le hago una invitación a revelar su ser. Revele sus sentimientos. Revele su maravillosa experiencia y sus necesidades cuando tiene intimidad con
su cónyuge.

Es imposible que los cónyuges disfruten de verdadera intimidad si no tienen el conocimiento, el amor y la buena actitud
imprescindibles que les mueve a buscar el bienestar y la satisfacción de la persona amada y la gratificación personal. Ambos
cónyuges deben saber qué es la intimidad integral y tener un
compromiso de buscarla. Ambos cónyuges deben conocer profundamente lo que piensa y siente su cónyuge. Esta no es una
tarea fácil pues tendemos a buscar nuestra satisfacción personal, ignorando a veces las necesidades de nuestra pareja.
Tendemos a comparar las experiencias, emociones y necesidades de nuestro cónyuge con las necesidades nuestras, y a concluir que las de ella y las nuestras son iguales. Pero este mundo
es tan hermoso y variado, es tan íntimo y personal, que solo
puede ser explicado personalmente por cada uno de los cónyuges. Y eso es precisamente lo que intentaré en este capítulo.
Intentaré ser lo más sincero y abierto posible para mostrarle los
más profundos tesoros masculinos. Además, usaré todo el
conocimiento, la comprensión y la empatía que he ganado a
través de años de estudio, para tratar de mostrarle los maravillosos tesoros femeninos.

DESCUBRE MIS MÁS HERMOSOS
TESOROS FEMENINOS

Querido esposo:

Dios creó mi cuerpo en forma maravillosa. Ni siquiera yo conozco mi propio ser y entiendo por qué en muchas ocasiones tú no me entiendes. Por ello quiero abrir mi corazón y revelarte los más hermosos tesoros que son parte de mi maravillosa vida. No te olvides que Dios nos hizo muy diferentes. Él nos creó varón y hembra, como dice en Génesis 1.27. Esa declaración tiene una profundidad maravillosa que no podemos entender en forma natural. Tú y yo tenemos un cuerpo muy especial, diseñado por Dios para que cada uno cumpla su propósito y con la extraordinaria capacidad de comprender a un ser humano tan diferente.

Al igual que tú, soy una maravillosa creación divina. El salmista revela que Dios nos conoce aun antes de que seamos concebidos. Él diseña y forma nuestros cuerpos, y aunque nos permite venir a este mundo utilizando a nuestros padres, somos su diseño y su creación.

Todo mi cuerpo es bueno, cada parte tiene propósito y cada órgano tiene una función que debe ser respetada. Aun mis órganos sexuales son parte de su maravillosa creación, no para que los tratemos según nuestra pasión y sin principios, sino para usarlos según unos buenos fundamentos morales. No para enfocarme solo en mi satisfacción, sino también en la tuya, pues eres la persona que amo.

Nuestro encuentro corporal fue diseñado por Dios, pero no para que sea un simple encuentro de cuerpos. Dios me diseñó de tal forma que si no te revelo mis más íntimos secretos y si tú no me estudias ni tienes toda la intención de comprenderme, es imposible que puedas realizar lo que es indispensable para suplir mi necesidad sexual.

Como nuestra intención es tener una excelente relación y como no puedes conocerme sin que yo revele mis más íntimos tesoros, te explicaré con profundo amor lo que experimento en una relación matizada por el respeto y la ternura.

Como sabes, nuestra vida sexual se va desarrollando en etapas y las llamaré: *excitación inicial natural, preparación lenta indispensable, culminación rápida apasionante y resolución afectiva paciente*. Aunque estas etapas no son claramente marcadas ni existe algo especial que indica la transición, sí es evidente que ambos vamos en un ciclo que tiene un inicio y su culminación.

Mi primer tesoro: la excitación inicial natural
Mi etapa de excitación inicial natural ocurre cuando en mí existe un cierto nivel de deseo sexual. Este no es muy regular en nosotras las mujeres. En ciertas ocasiones, tenemos que responder a la necesidad masculina aceptando el acercamiento, pero sin tener un mayor deseo. Quiero decirte que cuando esto ocurre, no significa que no te ame o que tenga la intención de rechazarte, simplemente no tengo deseos.

Aunque no puedo crear el deseo sexual, sí existen determinadas condiciones que me preparan para estar más abierta a un acercamiento.

Querido esposo:
Aunque no puedo prometerte que cuando me apoyas, me das ternura, me tratas con respeto, me anhelas y buscas mi compañía, desearé tener relaciones sexuales todos los días, sí puedo asegurarte que prepararás el terreno de mi mundo físico y emocional para sentir deseo y excitación en forma más continua y natural.

Para sentir esa motivación inicial para el deseo sexual tienen que darse una combinación de factores. Necesito tu ternura y tu buen trato. Nunca podré anhelar estar contigo íntimamente si me tratas inadecuadamente. Necesito tu apoyo y tu compañía. Es difícil anhelar con todo mi corazón compartir mi cuerpo y mi ternura con un esposo que me ve cansada y súper ocupada, y que a pesar de ello me deja sola en mis ocupaciones. No es fácil desear tener intimidad con alguien que solo anhela mi compañía de vez en cuando, y que en lugar de separar tiempo para nosotros, prefiere ocuparse más allá de lo debido y pasar más tiempo con otros. No puedo sentir deseo de tener relaciones sexuales si me presionas demasiado para que responda a unos deseos que tú experimentas con más frecuencia. En esta excitación inicial, así como tú tienes una erección, yo comienzo a experimentar en mi vagina la necesaria lubricación. Si te preguntas cómo puedes estimularme, debo revelarte que mi excitación puede venir por algo emocional o físico. Por esto, cuando me tratas con amor y ternura, sería una locura y un error negarme en forma regular. Si sabiamente respondo a ese estímulo y me programo para disfrutar de tu ternura, interna y externamente, comienzo a experimentar diversos cambios.

Querido esposo, quiero revelarte un secreto muy hermoso. Mi clítoris fue creado por Dios con un propósito maravilloso y exclusivo. No tiene otra función que no sea la de sentir placer. Él quiso que yo disfrute grandemente de nuestras relaciones sexuales y que los seres humanos no nos unamos solo por instinto y sin pasión, como lo hacen los animales. Él puso en mis órganos genitales esa pequeña lengüita que es un órgano único en mi anatomía cuyo único propósito es recibir y transmitirme el estímulo sexual. No esta allí por otra razón sino para ser un instrumento de estimulación. Este es probablemente el órgano más importante en mi etapa de excitación. Cuando me excito, mi clítoris se agranda así como tu pene tiene una erección. Aumenta como dos o tres veces su tamaño, y cuando me has dado caricias y ternura por un tiempo razonable, comienzo a sentir una creciente necesidad de que lo estimules tiernamente. No siempre quiero que lo acaricies inmediatamente. Hay momentos en que prefiero que me toques y acaricies cualquier otra parte del cuerpo, menos mi vagina, mi clítoris y mis senos. Aunque entre nosotras las mujeres existe una variedad, algunas preferimos recibir las caricias alrededor del clítoris y no necesariamente en forma directa.

Durante esta etapa también existen cambios en la parte externa. En mi vagina tengo los labios externos que son los labios mayores, y los internos que son los labios menores. Mi vagina espera con ansiedad tu pene y mis labios mayores se abren en preparación de ese apasionante encuentro. Mientras tanto, mis labios menores aumentan su tamaño y se inflaman un poco formando como un túnel.

Mis senos experimentan hermosos cambios. Generalmente se agrandan, se ven mas redondos y rellenos, mientras mis pezones tienen una pequeña erección. Si observas mi cuerpo con cuidado puedes darte cuenta de los cambios y si estoy comenzando a excitarme. Esa será la respuesta a tus caricias y tus besos, y será mi respuesta amorosa a la ternura que me has prodigado.

Mientras todos los cambios externos ocurren, también se van dando los imprescindibles cambios internos. Mi vagina está experimentando cambios que fueron diseñados por Dios sabiamente para poder prepararme para el momento lleno de pasión cuando se produzca la penetración. Después de unos diez a veinte segundos de sentir la estimulación, mi vagina comienza su necesaria lubricación. Ese lubricante es imprescindible para que cuando tu pene ingrese a mi vagina, no exista roce que produzca ardor, ni irritación ni mucho dolor. Para que la relación sexual se desarrolle como nuestro Creador la diseñó, es imprescindible que ese lubricante, que puedo describir como si fuera un sudor, forme una pequeña capa en las paredes de mi vagina.

Esa es la razón por la que constantemente te pido que esperes con paciencia hasta que te indique que mi vagina está preparada y hasta que deseo con todo mi corazón que realices la penetración. Aunque rápidamente después de recibir el estímulo se inicia la lubricación, no deseo que lo hagas inmediatamente.

Mi segundo tesoro: La preparación lenta indispensable

Querido esposo:

Ahora conoces un poco más de mi realidad, pero aun falta descubrir grandes tesoros que te permitirán tener una extraordinaria intimidad conmigo.

Al pasar juntos por ese maravilloso momento de excitación, estamos listos para la extraordinaria etapa de la preparación. Esta es indispensable y debemos recorrer este camino con lentitud y la más grande ternura. Aunque hay mujeres que prefieren una corta etapa de preparación y hay días en que ese deseo varía, la mayoría preferimos que realicemos este recorrido lentamente. Durante este tiempo, continúo disfrutando la estimulación que me otorgas. Esta excitación me viene como si fueran olas de pasión que llegan a una gran altura y por momentos bajan de intensidad, para nuevamente experimentar una fuerte pasión. Aquí necesito caricias abundantes y tiernas, y a veces escucharte decir que me amas. No todas las mujeres queremos que nuestros esposos hablen mucho, pues a algunas nos desconcentra, pero sí es hermoso escuchar palabras tiernas que no solo las dices cuando estás excitado, sino que más bien son una repetición de palabras que también me dices en otros momentos de cercanía.

En esta etapa yo intentaré dirigirte. A veces tomaré tu mano para que me toques dónde quiero ser estimulada. Debes permanecer estimulando por un tiempo limitado y luego mover tu mano a otros lugares a los que antes te he guiado. Recuerda los lugares en que tus caricias más me excitan. Tus caricias en mi espalda son estimulantes. Esa sensación cálida mientras tus labios recorren mi cuerpo, revelan algo de tu ternura. Tus besos detrás de mis orejas y tus caricias en mi cuero cabelludo también son movimientos muy sensuales. Tus caricias en mis pies, tu forma de apretar con ternura mis glúteos son muy estimulantes. Te ruego que tomes todo el tiempo que yo necesite, pues me prepara en forma extraordinaria para tener una estimulación grandiosa.

En todo mi relato, querido esposo, debes darte cuenta de la maravillosa sabiduría divina. Su creación es perfecta y nuestro cuerpo funciona en forma extraordinaria. Déjame darte otros ejemplos de lo que ocurre en esta etapa de preparación. Durante este momento mis senos siguen disfrutando de los cambios que te mencioné. En el último minuto, antes del orgasmo, los labios menores cambian de color a un rojo más intenso y aumentan su tamaño. Mi clítoris continúa agrandándose pero comienza a retraerse y es más difícil localizarlo porque está extremadamente sensible al toque directo. Mi útero está completamente elevado en una posición que le prepara para el orgasmo. La parte exterior de mi vagina recibe un gran flujo de sangre, se inflama y forma una plataforma orgásmica. Dios es maravilloso, pues él diseñó que mi vagina se ajuste en el frente y se expanda como un globo en la parte trasera. En la reproducción, ese cambio permite que el líquido seminal que contiene los espermatozoides quede dentro de la vagina y puedan iniciar su recorrido hacia el útero. El diseño divino es que tengamos placer sexual. Dios preparó mi cuerpo para esto y lo comprueba el hecho de que la parte exterior de mi vagina se ajusta, permitiendo así que tu pene y mi vagina sientan mayor estimulación pues existe mayor firmeza y roce. Cada detalle que te revelo, me asombra y me motiva a agradecer al Creador por su diseño maravilloso. Te ruego que utilices en forma sabia y con gran ternura este tesoro de la preparación lenta. Así no solo nos excitaremos, sino que nos prepararemos para la culminación rápida apasionante.

Mi tercer tesoro: La culminación rápida apasionante

Querido compañero de amoríos:

Como sabes, esta es la etapa de placer más intenso de nuestra experiencia sexual y la más corta de nuestra relación de intimidad. Por supuesto que este momento es esencial para concluir con nuestra experiencia, pero no debe ser todo lo que buscamos. Como este es un momento apasionado pero muy corto, la etapa de preparación lenta es la que más nos da tiempo para disfrutar.

Anhelo estar contigo y amarte. Deseo que nuestras caricias sean la demostración intensa y práctica de ese profundo amor que sentimos. Anhelo con todo mi corazón sentirme amada y no usada. Deseo fervientemente que no me veas como un objeto sexual o como un instrumento para obtener tu eyaculación. Deseo que amemos nuestro encuentro de principio a fin. Incluso creo que deben existir momentos en que podemos acariciarnos apasionadamente y sentir una gran estimulación, pero no necesariamente debemos buscar la penetración. No quiero que nos enfoquemos en el orgasmo y nos despreocupemos de todo el proceso de preparación, para disfrutar de ese intenso, pero corto momento de pasión. Nuestro orgasmo no es algo que solo se planifica para que ocurra, pues aun con toda la planificación, pero sin la debida estimulación, no puede ocurrir. El orgasmo debe ser el resultado apasionante de una experiencia de estimulación y cariño mutuo entre los cónyuges que se aman y disfrutan de todo su ser.

Durante esta etapa también experimento hermosos cambios. Los labios mayores y menores permanecen tal como en la etapa anterior. Esos sentimientos centrados en los genitales se deben a las fuertes contracciones vaginales en esa plataforma orgásmica mencionada anteriormente. Mientras la parte más externa de mi vagina se está contrayendo, las dos terceras partes interiores se están expandiendo y comienzo a experimentar el orgasmo no solo en la vagina sino también en mi útero. Este también está contrayéndose y para algunas mujeres las contracciones pueden provocar un poco de dolor que les distrae de su concentración.

Aunque el centro del orgasmo está en la vagina y en el útero, esa sensación se expande por todo mi cuerpo. Es un sentimiento intenso de placer que no puedo describir con palabras. El ritmo de mi corazón se acelera, mi presión sanguínea aumenta, mi respiración se intensifica, mis músculos se mueven y siento contracciones en diferentes partes de mi cuerpo. Es como una onda expansiva que va desde mi vagina al resto de mi cuerpo y que no puedo controlar. Desde mi cara hasta mis pies experimento dulces sensaciones de placer. Te confieso que algunas mujeres sienten vergüenza y tratan de ocultar sus reacciones naturales y evitan darse la libertad de disfrutar. Esto lleva a algunas mujeres a desconcentrarse y retrasar su orgasmo. Una vez que comprendemos que esas reacciones, movimientos y ruidos son una parte natural de la respuesta sexual, es más fácil para nosotras responder con libertad, disfrutar sin restricciones y responder a los deseos de un marido que ama vernos disfrutar. Aunque existen mujeres que creen que eso puede molestar al marido, o mostrarla como una mujer demasiado sensual o exagerada, he aprendido que disfrutar con libertad y en forma natural, más bien estimula y alegra a un marido que tiene sabiduría para disfrutar la experiencia sexual.

En esta etapa también podemos dedicar tiempo para disfrutar. Si nos controlamos y evitamos la eyaculación, podemos seguir disfrutando. A veces cuando estoy a punto de terminar, me detengo y bajo la intensidad de mis movimientos para disfrutar de ese maravilloso momento. A veces te pediré más movimiento y sé que puedes estar a punto de terminar, y eso debes revelármelo para yo bajar la intensidad y evitar que eyacules antes de que esté lista para mi orgasmo. En esta etapa quiero que nos demos permiso para cambiar de posturas y disfrutemos de momentos en que nos movemos lentamente, pero nos damos besos con mucha ternura. Mientras estamos disfrutando, podemos tratar diferentes posturas y seguir disfrutando, y luego podemos decidir cuál será la posición en la que obtendremos nuestra final satisfacción. No quiero que siempre terminemos en la misma posición. Podemos disfrutar de ese tiempo en que tú estás encima y solo introduces la cabeza de tu pene y lo sacas sin introducirlo completamente. Así, moviéndote para que entre y salga la cabeza de tu pene, siento una estimulación increíble. Muévete con lentitud o rapidez, dependiendo de lo que te pida, y llegará el momento que producirás tal estímulo que te rogare que realices la total penetración. Luego podemos cambiar de posición. Me encanta cuando estoy sentada sobre ti y tu pene penetra profundamente. Así puedes controlar mis movimientos y detenerme cuando estás a punto de eyacular. Luego de un momento de tener control, podremos continuar con nuestra acción.

Querido esposo:
Debo revelarte que Dios me diseñó para que pueda tener una serie de orgasmos si así lo deseo y que tal vez el primero sea el que requiere más trabajo y preparación. Sin embargo, los demás llegan cuando solo seguimos disfrutando de los deleites de la penetración».

Es mucho mejor que después de nuestra excitación inicial y preparación, sea yo la primera que tenga mi satisfacción. De esa manera no existe el peligro que eyacules antes de que yo logre ese orgasmo que deseo con pasión. Es mi más grande deseo que disfrutemos con libertad. Quiero que disfrutemos todo nuestro cuerpo pues las reacciones naturales a los estímulos sexuales no son producto de la invención o la degeneración del hombre, sino de la sabiduría divina.

Mi cuarto tesoro: Resolución afectiva paciente
Puede que para ti este momento posterior a la experiencia apasionante del orgasmo, no parezca tan necesario o importante. Sin embargo, Dios me diseñó para que durante esta etapa de resolución, siga recibiendo cariño y tu atención. Mi deseo de pasar por esta etapa depende de si he disfrutado o no del orgasmo. Cuando no lo disfruto, experimento una frustración que me lleva a retraerme. Si he quedado a punto del orgasmo y por tu eyaculación rápida no he podido disfrutarlo, siento una sensación de frustración y mis órganos genitales pueden demorar más en relajarse y volver a su estado original. Eso puede llevarme a momentos de tensión mientras se produce mi relajamiento total. En cualquier caso, necesito tu atención. Es terrible cuando algunas mujeres experimentan esta sensación frecuentemente. Se sienten usadas, y con el paso del tiempo, se pueden producir severos conflictos en la relación conyugal. El cuerpo humano está diseñado para que tenga satisfacción sexual, y para que el hombre y la mujer terminen su relación de intimidad disfrutando de un orgasmo satisfactorio.

Cuando he logrado terminar la relación con un orgasmo lleno de pasión, mi cuerpo se relaja y siento que queda de lado toda mi tensión. En mi cuerpo ocurre un proceso regresivo. Toda mi zona genital se relaja y no hay tensión ni congestión. El gran flujo sanguíneo se detiene en esa área y a veces puedo sentir un hormigueo, mientras vuelvo a experimentar un flujo normal de sangre. Así mis órganos genitales comienzan a acomodarse volviendo a su estado original y experimento un relajamiento absoluto.

Pero debo confesarte que esta etapa es también un hermoso tesoro. Me encanta cuando dedicas tiempo para acariciarme y continúas siendo tierno y cariñoso. Me enoja y entristece cuando prefieres hacer cualquier otra cosa en vez de enfocarte un poco más en nuestro encuentro de amor. Prefiero mil veces que tengamos un tiempo de calurosa cercanía, palabras de afirmación y recorras mi cuerpo con tiernas caricias. Unos cinco a diez minutos de conclusión cariñosa hacen que nuestra relación sexual termine en forma estimulante y hermosa.

Querido esposo:
He compartido con ternura y esperanza mis más grandes tesoros femeninos. Entiendo que Dios nos ordena que cumplamos el deber conyugal de tener relaciones sexuales y de prodigarnos cariño con pasión. Sin embargo, en vez de seguir haciéndolo conforme a nuestras ideas y emociones, debemos hacerlo conforme a sus sabias instrucciones divinas.

DESCUBRE MIS MÁS HERMOSOS
TESOROS MASCULINOS

Querida esposa:
Confieso mi ignorancia sobre tus más íntimas experiencias. Es imposible que las conozca en forma natural y agradezco inmensamente tu apertura y gran sinceridad. Es hermoso saber que Dios creó todo con propósito y para su gloria, incluyendo nuestra sexualidad. Es triste y decepcionante que todo haya sido degenerado por el hombre y su maldad. Debido a que descubriste tus hermosos tesoros, es mi deber amarte y respetarte por lo que eres y por la forma en que Dios sabiamente te diseñó.

Este es mi momento. Así como no te conocía íntimamente, pero deseaba tener intimidad saludable, así también ocurre contigo. Estoy seguro que existen muchos detalles sobre mi vida sexual que no conoces, y para ser sincero, mucho de mí tampoco lo conozco.

Fue hermoso descubrir detalles sobre cómo descubrir el tesoro de tu excitación. Tu sinceridad me ayudará a actuar con conocimiento y a ayudarte a conseguir tu satisfacción. He aquí te entrego mis tesoros.

Mi primer tesoro: la excitación inicial natural

Así como tu clítoris es el punto de enfoque de tu excitación, así también mi pene es el receptor y transmisor de mis sentimientos sexuales. Durante la primera etapa, esa en que existe la excitación inicial, debido a los estímulos físicos o emocionales, pasa de su estado flácido, a su estado de erección. Esta erección ocurre pues la sangre fluye hacia mi pene debido a la excitación. Se cree que la sangre se mantiene allí gracias a unas válvulas que impiden que regrese mientras esté estimulado.

La erección se puede mantener un buen período de tiempo sin que exista la eyaculación y puede ser más o menos intensa o se puede perder completamente, si existe algo que interrumpa la concentración. Pero puedo volver a recuperarla con nueva concentración y más estímulo. Lo único que puede impedir una nueva erección rápida puede ser la ansiedad por la pérdida de la erección y la tensión por volver a recuperarla. Más de la mitad de los hombres también experimenta una pequeña erección de sus tetillas, pero es difícil notarlo por su tamaño tan pequeño.

Dios es maravilloso y sabio. Mientras más estudio y observo mi cuerpo, más admiro la maravillosa creación divina. Todo fue preparado por Dios con precisión. Durante nuestra relación sexual existen un sin número de experiencias que se van desarrollando y que permiten que todo funcione de acuerdo al diseño divino. Otro cambio que ocurre durante esta etapa es el engrosamiento de la piel alrededor de los testículos, y esto aparentemente ocurre para poder permitir que el semen aumente levemente su temperatura en preparación para la expulsión y fertilización de los óvulos.

Este momento de excitación inicial me llega con gran facilidad. Los hombres somos estimulados primariamente por lo que vemos. Sé que me puedes ver desnudo y no sentir ningún estímulo; sin embargo, el solo hecho de imaginarme que te acercas a la cama y que podemos tener relaciones sexuales, genera un cierto grado de excitación. Esto se vuelve más intenso si te veo desnuda o toco tu cuerpo y te beso y te acaricio. Es cierto que la mayoría de nosotros quisiéramos tener relaciones sexuales cada vez que fuera posible. También tienes razón cuando dices que cada vez que me acerco a ti, te abrazo y te beso, soy estimulado. Es cierto que desearía tener relaciones sexuales cada vez que recibo caricias continuas. No puedo evitar esa sensación pues llega automáticamente. Cada vez que te acaricio y te beso desearía tener intimidad, pero también sé que debo aprender a tener dominio propio para respetar los horarios, que pensando en el bien de ambos, hemos establecido.

Querida esposa:
La excitación inicial me llega con gran facilidad. Los hombres somos estimulados primariamente por lo que vemos y es muy fácil sentirnos excitados. Pero haré todo el esfuerzo y tomaré el tiempo necesario para estimularte por medio de mi ternura y caricias bien realizadas.

Mi segundo tesoro: La preparación lenta indispensable
Mientras más avanzamos en nuestra relación sexual, querida esposa, más difícil se me hace evitar llegar al orgasmo. Para nosotros los hombres es mucho más fácil tener nuestra satisfacción y por ello debemos estar manejando con cuidado la relación. Ese deseo de llegar a la penetración es intenso y estimulante. Tú puedes ayudarme mientras me guías a estimularte e impides la rápida penetración. Es cierto que a veces me decepciona, pero con tu ayuda y mi fortaleza, debo aprender a manejarlo.

Durante esta etapa la mayoría de los cambios ocurren internamente. Aunque hay algunos que pueden verse. Ocurren pocos cambios en el órgano sexual masculino. La cabeza del pene adquiere un color más oscuro. Este se va inflamando y se agranda levemente en preparación para el orgasmo. La piel del escroto engrosa un poquito, el testículo derecho se pega más al cuerpo y rota un cuarto de vuelta en esta etapa y aumenta el tamaño de los testículos. Durante esta etapa también puede existir una pequeña eyaculación, o si el hombre se descuida puede existir una más grande y perder la erección. Alrededor de la glándula de la próstata se comienza a acumular el semen y mientras más tiempo pasamos en esta etapa, más voy llegando al punto de no retorno. En algunas ocasiones los hombres avanzamos peligrosamente al punto en que no podemos detenernos y eyaculamos antes que nuestra esposa logre su orgasmo. Se requiere preparación y disciplina para aprender a controlarlo.

Esta es una etapa difícil para mí. Este es un momento imprescindible de caricias para tu estimulación. Es que mientras más te acaricio y tú inicias tu excitación, yo estoy prendido de pasión al tocar tu cuerpo y acariciarte con ternura. En esta etapa debo estar haciendo serios esfuerzos para controlarme y no buscar la penetración. Dirígeme con ternura para entender lo que quieres. Mueve mis manos a los lugares en que deseas que te acaricie. Sé que en distintas relaciones sexuales desearás toques y estímulos en partes distintas, así que tu guía y dirección es esencial para hacer lo que anhelas y suplir tus necesidades. Te amo tanto que haré cualquier esfuerzo para estimularte tiernamente y con conocimiento para así suplir los deseos que tengas en ese momento.

Querida esposa:

Deseo con todo mi corazón que pases con éxito esta etapa de preparación porque es esencial para tu satisfacción. Debido a mi falta de control, te ruego que me dirijas a tus áreas de excitación para cumplir mi labor con dulzura, cariño, paciencia y mucha pasión.

Mi tercer tesoro: La culminación rápida apasionante

Durante la primera y segunda etapa mi pene se ha mantenido erecto y disfrutando cada segundo de nuestros movimientos. A veces nuestros movimientos son lentos y acompasados y en otros momentos los dos sentimos un deseo de movernos más fuertemente, aunque debemos hacerlo con cuidado. Cuando estoy llegando al final de la segunda fase, noto algunos cambios. Cada vez se acerca más el momento en que boto mi líquido seminal. Por eso esta etapa me exige tener mucho cuidado y precaución. La mayoría de los hombres podemos identificar claramente cuando se acerca la eyaculación aunque no podemos determinar con certeza todo lo que ocurre en nuestro cuerpo. Aquí nos estamos acercando lenta y peligrosamente al punto de no retorno. Ese momento en que es imposible impedir la eyaculación. Comienzo a experimentar rápidas contracciones de la próstata, la salida de la vejiga se cierra para que no entre semen en la vejiga ni escape orina durante la eyaculación. Es por esto que se me hace difícil orinar inmediatamente después de eyacular. En este momento otro cambio se opera. Ahora es el testículo izquierdo el que se pega más al cuerpo y gira como un cuarto de un giro. Todos estos cambios se van dando rápidamente y son advertencias que me indican que estoy a punto de eyacular. Allí también el semen se acumula cerca de la base del pene para estar listo para su expulsión rápida y mediante las contracciones que van ocurriendo.

Aunque la eyaculación es un momento maravilloso, sumamente deseado e increíblemente rápido, deseo que ambos disfrutemos antes de que logremos la culminación con gran pasión. Querida esposita, las distintas posiciones no son producto de una idea degenerada de un hombre enfermo. Estas nos ayudan a tener variedad y buscar diferentes formas de estimularnos. Pero también algunas posiciones me ayudan a tener más control de mí mismo; especialmente cuando estoy acostado sobre mi espalda y tú estás encima de mí. De esa manera puedo acariciarte con libertad con mis dos manos, tú puedes moverte a voluntad y yo puedo detenerte cuando estoy llegando al punto de no retorno. Cuando te sujeto para que no continúes moviéndote, no es mi intención desconcentrarte, sino concentrarme yo y evitar la eyaculación. En ese momento, puedes continuar pensando y concentrándote en disfrutar, contrayendo tu vagina y apretando suavemente mi pene para que no pierdas el momento que estás viviendo. Cuando sienta que he evitado el punto de no retorno, volveré a moverte lentamente y luego rápidamente cuando esté seguro de no eyacular. Recuerda que cuando hago eso estoy trabajando para que tengas primero tu orgasmo o en ciertas ocasiones podamos tener un orgasmo simultáneo. Precisamente esta posición ayuda mucho para que alcances tu satisfacción primero que yo. Es cierto que es lindo que ambos terminemos juntos nuestro encuentro sexual, pero también es peligroso que yo no calcule bien el tiempo y te deje sumamente excitada, y al no poder terminar quedes profundamente frustrada. Pero si me controlo y disfruto, mientras tú disfrutas y vas trabajando sabiamente tu satisfacción, podrás saborearla por un largo período y tener varios orgasmos continuos. Así, cuando llegue el momento en que quieres disfrutar el último de ellos, me lo indicas para que juntos disfrutemos del orgasmo final.

Así como tengo que controlarme, tú también debes aprender a conocerte. A veces puedes sentir un leve dolor en la parte baja de tu abdomen que puede ser provocado por las contracciones uterinas que ocurren. Si en esos momentos tratas de evitar esa pequeña molestia y detienes el estímulo puedes llegar a un punto de bloqueo que impedirá que termines la relación. Pero si aprendes que eso es parte normal de la relación sexual y que debes disfrutar esas contracciones uterinas, las tratarás como un placer intenso.

Durante esta etapa quiero que disfrutemos lo más posible. Cuando estés dispuesta, podemos cambiar de posiciones tantas veces como lo deseemos y comunícame con libertad cuando estés lista para disfrutar del orgasmo. Cuando llegue ese momento en que se siente la satisfacción final propia del orgasmo, quiero que me dirijas cómo quieres disfrutarlo. No siempre tenemos que terminar de la misma forma, ni tener alcanzar nuestro clímax de la manera en que siempre acostumbramos.

Querida esposa:

El orgasmo es un momento maravilloso, sumamente deseado, increíblemente rápido y de intenso placer. Yo podría terminar rápidamente y en cualquier posición, pero deseo que tú me indiques cuáles son tus preferencias para que ambos disfrutemos el orgasmo y con gran pasión, logremos la culminación.

Es muy sabio que los cónyuges utilicemos muy bien nuestra imaginación para evitar la rutina que conduce a una conducta predecible. Tus ideas y el tomar la iniciativa no te proyectarán como una mujer extremista o exagerada, sino como una esposa que anhela compartir su intimidad con pasión con el marido que le hace sentir amada. Puedes decirme con completa libertad si quieres que terminemos en cierta posición pues es la que deseas en esa ocasión. O si quieres que nos movamos lentamente y con mucha dulzura. O si prefieres movimientos más fuertes, aunque sin extremos y con mucha ternura.

Mi más profundo anhelo es que ambos disfrutemos con pasión de la más profunda y sabia intimidad y que nos sintamos amados y respetados. No deseo salirme de los principios bíblicos estudiados, pero tampoco quiero perder la oportunidad de disfrutar con excelencia de este placer diseñado por Dios. Es mi más sincero deseo que no vivamos nuestra vida sexual como un constante experimento, sino cumpliendo el propósito de Dios en todo momento.

Mi cuarto tesoro: Resolución afectiva paciente

Una vez que ocurre la eyaculación, vuelvo rápidamente al estado en que me encontraba antes del estímulo. Aunque el pene no siempre queda totalmente flácido, sí existe una gran disminución de la tensión que tenía y los testículos se bajan. Algunos hombres quedan con la cabeza de su pene muy sensible y sienten dolor o incomodidad y por esto tendemos a quedarnos tranquilos y luego hasta nos olvidamos de continuar con las caricias. Pero esta es solo una excusa para continuar en ese estado de relajamiento que nos quita el deseo de seguir acariciando y no una fuerza inevitable que nos impide seguir disfrutando.

Entiendo que para ti es muy importante este momento y prefieres que después que hemos disfrutado de una gran satisfacción, dediquemos tiempo a las caricias para tener una lenta y afectiva resolución. Es mi deseo más profundo que tú respondas con amor y ternura, y que tengamos relaciones sexuales que se caractericen por nuestra satisfacción mutua y mucha dulzura. Te ruego que seas sincera y me exhortes con dulzura y sin necesidad de enojarte cuando por descuido, prefiero ver televisión o dormirme en vez de acariciarte. A veces me olvidaré de mi compromiso, a veces tú te equivocarás, pero las equivocaciones no deben llevarnos al resentimiento sino a sabias exhortaciones. Ambos cometemos errores y las discusiones o los enojos no cambian a las personas. Sin embargo, somos estimulados a cambiar cuando con sabiduría nos atrevemos a exhortar. Es mi compromiso amarte con pasión, tratarte con dignidad, apoyarte con regularidad y estimularte con delicadeza y sabiduría para que así alcancemos la satisfacción debida.

Querida esposa:
He compartido con alegría mis más grandes tesoros masculinos. He decidido no solo revelarte mis más íntimas emociones y sensaciones, sino también hacer un serio compromiso de desarrollar nuestra vida sexual conforme a estas nuevas convicciones. Haré lo que Dios me mande para que tú tengas lo que Dios determinó que necesitas.

CONCLUSIÓN

Mientras más disfruto de mi vida, más me doy cuenta de lo maravilloso de la creación divina. Mientras mejor conozco a Dios, más me revela su extraordinaria sabiduría. De la misma manera en que se preocupó por cada detalle de nuestra salvación, Dios también se preocupó de preparar cada detalle de nuestro cuerpo para que disfrutemos de nuestro encuentro sexual al máximo, y lo hagamos con pasión y dignidad.

Si usted creció en un hogar donde no se habló de sexo, o en una congregación donde le enseñaron que este era malo, o no fue enseñado, o por lo menos el tema fue ignorado, usted ha batallado durante toda esta lectura. Me imagino que su lucha no ha sido fácil pues aprender tantas cosas en unos pocos días no es fácil. Me ha tomado treinta y tres años de matrimonio, y miles de días de estudio de la Biblia y de la realidad del ser humano, para poder compartir con ustedes estos tesoros maravillosos.

Tal vez usted nunca se imaginó que Dios decidió que las mujeres tengan una parte de su cuerpo tan pequeñita llamada clítoris y que produzca tanto placer. Usted me entendió bien si ahora piensa que el único propósito que tiene esa parte tan pequeñita es ser un sensible transmisor de excitación sexual. Qué sabiduría divina y qué ignorancia humana. Mi querido lector, Dios quiere que nuestras relaciones sexuales incluyan pasión y que podamos disfrutarlas con amor y ternura, y por supuesto, con muchos toques de dulzura.

Al concluir tengo que hacerle una seria advertencia. Si usted entendió que en su relación conyugal deben aprender las técnicas para tener una relación sexual correcta, y además, estar capacitado para aplicar esas técnicas correctamente, comprendió mi mensaje. Pero ese todavía no es el mensaje completo. Usted y su pareja todavía pueden vivir una vida sexual decepcionante si existe falta de respeto y ternura en su relación amorosa. Aun conociendo las técnicas imprescindibles, puede tener una intimidad decepcionante por la falta de deseo y la determinación para aplicar estos principios establecidos por la sabiduría divina.

Si usted es un hijo de Dios que vive una vida cristiana madura, le obedece y acepta sus valores, usted tiene todo lo que necesita para tener intimidad integral. Usted tiene un Dios sabio que le imparte de su sabiduría. Usted es hermano de un Jesucristo que le dio nueva vida y la posibilidad de vivir dentro del plan divino. Usted disfruta de la presencia del Espíritu Santo que le redarguye cuando falla y le guía a hacer lo correcto. Usted tiene a su disposición la guía de la Palabra de Dios que es lámpara a nuestros pies. Además, puede contar con líderes sabios que han investigado la Biblia y la vida lo suficiente como para poder orientarles sabiamente. Si usted es un cristiano tiene todas estas posibilidades. Lo único que le falta para poder tener intimidad integral tal como fue diseñada por el Autor de la vida es que sea lo suficientemente humilde como para admitir sus errores, lo suficientemente dedicado como para adquirir conocimiento, lo suficientemente responsable como para cumplir los principios aprendidos y lo suficientemente sabio como para elegir amar a Dios con todo su corazón y a su cónyuge como a usted mismo.

Me alegra haberle ayudado a descubrir los tesoros maravillosos de una intimidad integral asombrosa. Ahora... ¡disfrute su jornada!

Acerca del Autor

El doctor David Hormachea, de origen chileno, realizó sus estudios teológicos y en asesoramiento familiar en los Estados Unidos. Es presidente y conferenciante de la corporación de ayuda a la familia DE REGRESO AL HOGAR, por medio de la cual produce programas de radio y televisión, escribe libros y produce series audiovisuales, como EL SEXO: ¿CUERPOS O CORAZONES ÍNTIMOS? y otras. También es productor de los programas VIVENCIAS Y UNO MÁS, que se escuchan en cientos de emisoras de radio en América Latina, España y los Estados Unidos. También produce el programa internacional de radio conocido como VISIÓN PARA VIVIR.

David dicta conferencias internacionales sobre temas relacionados con la familia. Ha sido autor de varios éxitos de librería, entre los cuales están Una puerta llamada divorcio y Cartas a mi amiga maltratada. Este último fue finalista al premio Gold Medallion (Medalla de Oro) que auspicia la Evangelical Christian Publishers Association (Asociación de Casas Publicadoras Evangélicas).

Puedes visitar nuestro web-site:
www.deregresoalhogar.org

Printed in the USA
CPSIA information can be obtained
at www.ICGtesting.com
JSHW012105270524
63767JS00006B/65

9 780881 138290